本书为广东省中小学"百千万人才培养工程"项目专项课题"教育信息化 2.0 背景下初中物理演示实验教学研究"（BQW2021JCL022）成果

广东省中小学"百千万人才培养工程"
初中理科名教师培养项目丛书

丛书总主编：于　慧　李晓娟

教育信息化2.0背景下
初中物理演示实验教学研究

黄东梅　著

暨南大学出版社
JINAN UNIVERSITY PRESS

中国·广州

图书在版编目（CIP）数据

教育信息化 2.0 背景下初中物理演示实验教学研究 / 黄东梅著. -- 广州：暨南大学出版社，2024. 12.
（广东省中小学"百千万人才培养工程"初中理科名教师培养项目丛书 / 于慧，李晓娟总主编）.
ISBN 978-7-5668-3960-2

Ⅰ. G633.72

中国国家版本馆 CIP 数据核字第 202411J77B 号

教育信息化 2.0 背景下初中物理演示实验教学研究
JIAOYU XINXIHUA 2.0 BEIJING XIA CHUZHONG WULI YANSHI SHIYAN JIAOXUE YANJIU

著　者：黄东梅

....

出 版 人：阳　翼
统　　筹：黄　球　潘江曼
责任编辑：黄　球
责任校对：王燕丽
责任印制：周一丹　郑玉婷

出版发行：暨南大学出版社　（511434）
电　　话：总编室　（8620）31105261
　　　　　营销部　（8620）37331682　37331689
传　　真：（8620）31105289（办公室）　37331684（营销部）
网　　址：http：//www.jnupress.com
排　　版：广州良弓广告有限公司
印　　刷：广州市金骏彩色印务有限公司
开　　本：787mm×1092mm　1/16
印　　张：11.5
字　　数：218 千
版　　次：2024 年 12 月第 1 版
印　　次：2024 年 12 月第 1 次
定　　价：49.80 元

（暨大版图书如有印装质量问题，请与出版社总编室联系调换）

前　言

　　实验教学是学生培养中一个非常重要的环节，对于物理学科更是不可或缺。它不仅可以培养学生的基本科学实验技能和素养，而且可以培养学生的科学思维和创新意识，提高学生的综合能力和创新能力。物理学是一门以实验为基础的科学。物理实验是科学实验的先驱，体现了大多数科学实验的共性，在实验思想、实验方法以及实验手段等方面是其他学科实验的基础。物理实验内容覆盖面广，具有丰富的思想、方法和手段，同时能提供综合性很强的基本实验技能训练，是培养科学实验能力、提高科学素质的重要基础。它在培养学生严谨的治学态度、活跃的创新思维、理论联系实际和适应科技发展的综合应用能力等方面具有其他实践类课程不可替代的作用。

　　为了加强实验教学，深化中小学科学教育改革，教育部针对课堂上教师讲得多学生做得少、学生对科学技术缺乏内在兴趣等问题，提出要强化做中学、用中学、创中学，激发青少年好奇心、想象力、探求欲，提升学生解决实际问题的能力，发展学生科学素养。通过调研发现，国外在物理教学中十分重视自制教具和对低成本实验的应用。尤其是一些欧美发达国家，用自制教具做物理实验在物理教学中是常态，教师都会接受有关实验教具制作和创新的技能培训。而在中国，虽然也有许多关于自制教具的研究，但自制教具和创新实验在物理教学中的应用不如国外灵活和广泛，而且教师也缺乏这方面的能力素养。为了更好地应用自制教具落实对学生素养的培养，应激发学生参与自制教具设计，引领学生自己应用生活中的常见物品做小实验和小制作，通过实验教学培养他们的动手能力和创新能力。

　　本书根据初中物理教师实验教学的实际需求，围绕初中物理自制教具的设计与教学应用展开研究。

　　本书可分为四个部分。第一部分（前三章）主要介绍教育信息化 2.0 背景下初中物理教具创新的意义、概念界定、制作原则和应用现状等。

　　第二部分（第四章）汇编了利用信息技术创新物理演示实验教具的案例，主要从制作目的、教材分析、所需器材、制作过程、实验原理、实践操作、教具多功能应用、教具创新等八方面来陈述，内容覆盖面广，具有丰富的思想、方法和手段，能提供综合性很强的基本实验技能训练，同时也突出初中物理演示实验的创新性，以初中物理实验教学为纽带，提供已开发的和即将开发的演示实验项目，着眼于提升物理教师的创新思维，激发师生的创新热情。本部分充分展示了我们在物理实验教学改革中的成果。

第三部分（第五章）汇编了自制教具在实验教学中的演示实践案例，根据各实验学校实验班的实践，以实际案例为依托，分析自制教具应用于演示实验教学的重要作用。自制教具具有经济实用性、直观性、启发性、针对性、科学性等特点，可有效加强物理与生活实际的联系，激发学生的学习兴趣，直观地增强演示效果，培养学生的质疑创新意识和自己动手制作教具的热情，这既符合物理课程标准的要求，又切实提升了课堂学习效率，因此，针对自制教具应用于物理课堂的开发研究具有重要意义。

第四部分（第六、七章）通过访谈及对比实验班和非实验班的物理成绩，直观地展示自制教具在演示实验教学中的优势。对两班级前测及后测成绩进行独立样本检验，相关数据表明，自制教具应用于物理课堂可有效解决教具短缺的问题，帮助学生理解所学知识，提高学习成绩，是实现提升学生核心素养目标的有效途径。

物理演示实验主要来自教师自制教具演示实验，也会穿插学生自主设计创新物理演示实验。每个实验包括实验目的、实验器材、实验方法、实验现象、原理分析、注意事项、讨论思考、实验联想等栏目，突出物理自制教具演示实验的趣味性，由佛山市名师工作室黄浩祥、隋文泉、潘英健、陈铭仪、曾美丽、冯冬、周东营等老师展开研究。课题实践学校包括佛山市南海区桂城街道平洲二中、文翰中学，佛山市三水区芦苞镇龙坡中学，佛山市南海区西樵镇西樵中学，佛山市南海区桂城街道南海实验中学，这些学校在八、九年级各开一个实验班进行自制教具实验教学。教学实践案例主要来自文翰中学陈铭仪老师、曾美丽老师，平洲二中隋文泉老师，西樵中学冯冬老师和南海实验中学黄订老师的教学设计和学生评价体系。学生自制教具部分主要收录了潮州市潮安区颜锡祺职业技术学校陈史烁老师所带班级的学生作品，每个演示实验作品包括实验目的、实验设计、实验制作、创新特征、实验联想、讨论思考等栏目，着眼于开发学生的创新思维，激发学生的创新热情，启迪学生动脑动手，制作创新作品。

本书既适合初中物理教师使用，也可作为初中学生完成自主创新实验实践作业的参考。在编写过程中，本书得到了华南师范大学熊建文教授、李德安教授，广东第二师范学院罗质华教授的悉心指导和大力支持，以及佛山市南海区平洲二中陈进文校长的长期指导，在此表示感谢。此外，还要感谢广东省中小学"百千万人才培养工程"项目组和广东第二师范学院的培养以及暨南大学出版社为本书提供出版机会。在完稿之际，笔者心情十分复杂，尽管凝聚了无数个日夜的辛勤耕耘，但又恐自身知识面窄，挂一漏万。希望读者多提宝贵意见，促使本书在日后不断完善。

黄东梅

2024 年 7 月

目 录
CONTENTS

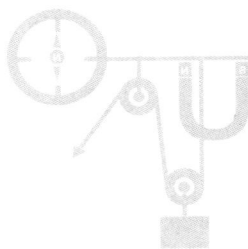

第一章　绪　论

2010 年，国家颁布了《国家中长期教育改革和发展规划纲要（2010—2020 年）》，其中"创新人才培养模式"部分指出，要深化教育教学改革，创新教育教学方法，并要求注重学思结合，激发学生的好奇心，培养学生的兴趣爱好，为学生营造独立思考、自由探索、勇于创新的良好环境。其目的是改变传统重知识讲授的教学模式，促进学生的全面发展，培养与社会发展相适应的人才。人才培养离不开相应的课程教育。2011 年颁布的《全日制义务教育物理课程标准》中明确指出，义务教育阶段的物理课程应以提高全体学生的科学素养为目标。除了注重传授科学知识和训练技能外，物理科学的成就及其对人类文明的影响也要纳入课程，而且还要注重对学生的终身学习愿望、科学探究能力、创新意识以及科学态度、科学精神等方面的培养。关于培养什么样的人才，国家也进行了大量研究。2016 年 9 月，教育部发布《中国学生发展核心素养》，指明学生发展核心素养，主要是指学生应具备的、能够适应终身发展和社会发展需要的必备品格和关键能力。2017 年 9 月，国家对深化教育改革做出进一步指示，中共中央办公厅、国务院办公厅印发了《关于深化教育体制机制改革的意见》，意见中明确提出把认知能力、合作能力、创新能力、职业能力作为关键能力培养。对于学生能力素养的培养，每个学科都应按照自己的学科特点，选择合适的教学方式进行。

《义务教育物理课程标准（2022 年版）》提出物理课程理念：注重科学探究，突出问题导向，强调真实问题情境，引导学生不断探索，提高分析问题、解决问题的实践本领和科学思维能力，发展核心素养。在教育信息化 2.0 背景下，应立足学生全面发展，依据核心素养内涵及学生身心发展特点，确定实验教学的目标，体现物理实验课程独特的育人价值，从物理学视角形成关于培养学生物理观念和科学思维的教学理念，并利用学习理论、各种信息技术手段、互联网资源等，以促进信息技术与物理学科深度整合为导向，围绕初中物理教学知识点，设计与创新物理演示实验视频，构建新的演示实验教学模式和教具等，进一步优化物理实验教具和实验教学工作，提高物理演示实验教学质量，提升学生的专业素养和核心素养，并运用信息技术有效调动学生的感官及思维。通过刺激视觉、听觉的方式，加深学生对物理知识及现象的认知与理解，促进学生全面素养的提升。

物理是以实验为基础的学科，物理课程自然离不开实验仪器，所以教学过程中使用的教具仪器是培养学生物理学科核心素养的重要载体。学校都会配备一些实验教具，物理课程标准中也对实验室资源建设提出了要求。义务教育阶段要求：教师应该利用实验室的闲置器材开发新的实验，有效利用实验室的资源，学校还应该为师生提供廉价的材料和生活中易得的物品，方便师生进行实验的改进与创新。高中物理课程标准也要求：要利用日常用品改进实验或开发新实验。实验室课程资源的开发，其目的是为学生提供更多动手做实验的机会，让学生能够亲自经历实验的过程。实验室的课程资源建设，不能局限于实验室现有的设备仪器，生活中的废旧物品、常用物品等都可作为资源开发的材料。用生活中常见物品与材料自制教具，可以做出替代实验室器材的教具，也可以设计开发更多低成本、高质量的实验。这样不仅可以丰富实验素材，让学生更容易理解物理知识，还可以更好地培养学生的动手能力、实验技能和创新能力。伟大的物理学家麦克斯韦说过："这些实验的教育价值，往往与仪器的复杂性成反比，学生用自制仪器，虽然经常出毛病，但他们却会比用仔细调整好的仪器，学到更多的东西。仔细调整好的仪器学生易于依赖，而不敢拆成零件。"[①] 麦克斯韦在主持卡文迪许实验室期间就提倡使用自制教具，从此使用自制教具就成了该实验室的优良传统。

本书围绕教师自制创新型实验教具和自制教具在初中物理课堂中的演示实验实践展开研究，采用文献研究法、访谈法与问卷调查法、案例分析法和行动研究法，定量和定性相结合，分析演示实验在促进学生对知识的理解和提高学生学习物理兴趣方面所起的作用。

两年的实践研究表明，教师和学生自制创新型教具用于物理演示实验教学，能促进学生对知识的理解，激发学生对物理的学习兴趣和潜在能力，深化学生对物理本质的分析，强化学生的团队合作意识，学生在参与演示实验过程中是快乐的。教师在创新演示实验过程中，开阔了研究视野，拓宽了研究向度，能更好地进行教学总结、反思与提升，从而提高科研能力。但研究的深度、广度、宽度还有待提高，笔者希望本书能为后续的研究提供参考。

---

① 郭奕玲，沈慧君. 物理学史［M］. 北京：清华大学出版社，1993：442.

第一节 选题依据

顺应教育信息化 2.0 时代发展，本书在教育信息化建设进入新时期的背景下论述其科学意义，并结合《义务教育物理课程标准（2022 年版）》提出的课程理念，围绕如何更好地指导初中物理实验教学，使用自制创新教具从课前情景导入、课堂演示实验的拓展和深化、课后学生实践作业的设计等三方面为学生服务进行研究，全面创新物理实验教学的方式和方法，全方位改进物理实验课堂的现状。

一、研究意义

1. 教育信息化 2.0 的研究意义

站在新的历史起点，必须聚焦新时代对人才培养的新需求，强化以能力为先的人才培养理念，将教育信息化作为教育系统性变革的内生变量，支撑引领教育现代化发展，推动教育理念更新、模式变革、体系重构，使我国教育信息化发展水平走在世界前列，发挥全球引领作用，为国际教育信息化发展提供中国智慧和中国方案。新时代赋予了教育信息化新的使命，也必然带动教育信息化从 1.0 时代进入 2.0 时代。为引领推动教育信息化转型升级，教育信息化 2.0 行动计划应运而生。2018 年 4 月 13 日，教育部发布了《教育信息化 2.0 行动计划》，开启了加快教育现代化、建设教育强国的新征程。

该计划以习近平新时代中国特色社会主义思想为指导，全面贯彻党的十九大精神，围绕加快教育现代化和建设教育强国新征程，落实立德树人根本任务，因应信息技术特别是智能技术的发展，积极推进"互联网＋教育"，坚持信息技术与教育教学深度融合的核心理念，秉持应用驱动和机制创新的基本方针，建立健全教育信息化可持续发展机制，构建网络化、数字化、智能化、个性化、终身化的教育体系，建设人人皆学、处处能学、时时可学的学习型社会，实现更加开放、更加适合、更加人本、更加平等、更加可持续的教育，推动我国教育信息化整体水平走在世界前列，真正走出一条中国特色的教育信息化发展路子。加快教育现代化和教育强国建设，推进新时代教育信息化发展，培育创新驱动发展新引擎。

物理是一门以实验为基础的自然科学课程，通过科学观察、实验探究、推理计算等形成系统的研究方法和理论体系。课堂上利用自制教具来演示实验正是物理教学的重要组成部分，它不仅是建立物理概念和规律、理解和掌握物理知识不可缺少的环节，还能培养学生的观察能力、思维能力、探索精神以及良好的学习方法。在完成演示实验的基础上引导学生经历科学探究过程，有助于学生学习科学研究方法，养成科学思维习惯，从物理学视角认识自然、解决相关实际问题，初步形成科学的自然观。

本书旨在通过调查与分析利用自制教具来演示物理实验的教学现状，明确教育信息化2.0背景下初中物理实验教学所存在的问题及不足，并利用学习理论、各种信息技术手段、互联网资源等，以促进信息技术与物理学科深度整合为导向，根据初中物理各章节的重点难点，创新设计各种引导性实验、创意性实验、探索性实验，为学生创设物理情境，激发其研究动机，使其主动去探索抽象难懂的物理知识，从而拓展认知空间，提高物理综合能力。

2. 初中物理演示实验教学教具创新的研究意义

（1）自制教具能丰富教学资源，有利于激发学生的学习兴趣。

上课时，教师若拿着自制的教具进入教室，立刻就能吸引学生的注意力。相较于实验室里那些统一厂制的教具，用生活中常见的物品做成的教具，更能让学生感到新奇。见到这样的教具，学生会更想动手摸摸、试试。在教师的鼓励下，学生也会尝试制作教具。

自制教具能帮助更多一线教师在课堂演示实验教学中得到强化和突破，提高课堂教学效率，更好地落实"双减"政策，借助创新实验教具，激发学生的学习兴趣。

（2）自制教具和学生实践作业可以更好地培养学生的核心素养。

自制教具不是只能由教师设计制作，学生课外实践的小发明、小制作，也可作为教具。模型照相机、显微镜、望远镜等都可以由学生课下制作，然后拿到课堂上进行展示。学生可以用自制照相机拍照，自制显微镜观察物体，自制望远镜看远处景物。学生在这个过程中可以充分感受物理的神奇，更好地理解物理原理。同时，自制教具对学生动手能力的培养也具有十分重要的意义。

此外，教师和学生也可以一起讨论如何改进、设计更多小实验，从而培养学生的创新意识。在实践的过程中，总会出现各种各样的问题。弄明白问题原因，解决问题，这个过程不仅可以活跃学生的思维，培养学生解决问题的能力，还可以让学生体会到科学的严谨性，更好地理解科学精神。

（3）自制教具及其研究可以促进教师的专业化发展。

物理教师发现传统教具的不足与局限，主动对教具进行改革与创新，这说明教师不满足于现有的教学效果，对物理教学有了更高的要求。自制教具的开发工作或许一开始并不那么得心应手，但只要教师从教材、科技、知识点、学生等多个方面进行思索，再结合实际教学情况进行改进，发挥信息技术、网络资源等的教育价值，适应信息化 2.0 教育环境，就能够制成更具启发性的教具，进一步改善初中物理演示实验教学现状，从而提高自身的教学质量。同时，针对初中物理演示实验教学的创新点，研究出更有创意、效果更佳的实验方法，形成有效的教学策略、方法、演示实验教具创新以及案例，教师的综合素质会全面提升到一个更高的层次，进而促进教师的专业化发展。

本书力图通过对初中物理自制教具的设计与教学应用过程的呈现，为读者提供自制教具的选题、设计制作及教学应用的借鉴经验。本书的研究意义具体体现在以下几个方面：

（1）改进实验室教具，提高学生探究实验的效果。

有些实验室教具会存在操作复杂、实验现象不明显等问题。我们针对实验室教具在教学过程中出现的问题，提出改进办法，以期提高学生探究实验的效果。

（2）拓宽教师自制教具的思路。

教师自制的教具不应局限于探究原理和演示现象，还应注重学生的感知体验和知识应用。教师应拓宽自制教具的思路，利用自制教具为学生提供更多感性认识，激发学生学习的积极性，提高学生应用知识解决实际问题的能力。

（3）提高学生自制教具的参与度。

自制教具不是教师的专属任务，学生参与到自制教具的过程中来，更有利于培养和发展学生的物理素养。教师应为学生提供机会，让学生自己组装实验仪器、设计实验，从而提高学生的动手操作能力，开发学生的创新思维。

（4）为一线教师应用自制教具、落实物理核心素养提供参考。

本书主要选取初中物理的电学、力学、光学三大模块进行实践。通过对这三大模块的所有实验及其所用教具进行整理分析，改进、设计更多的实验教具，并对这些教具的具体应用进行说明，为一线教师自制教具以及在教学中应用自制教具落实物理核心素养培养提供参考。

3. 教育信息化 2.0 与初中物理演示实验教学相融合的研究意义

物理是一门来源于生活的学科，也是一门将理论和实践融合的专业性学科，具有极强的严谨性和逻辑性。同时，物理知识还包含一定的抽象性（特别是电学），若仅仅依靠口述的方法很难让学生明白与理解。

信息技术的高效运用不仅可以避免传统讲授法的弊端，同时在突破重点难点上也能给教育者提供便利。比如在介绍"电流是自由电子的定向移动形成的"这一知识点时，学生无法想象何为定向移动，也很难理解"电流方向与电子运动方向相反"的知识点。借助多媒体或其他信息技术自制电流方向演示仪来展示动图，比教师重复、烦琐的口述更直观明了，学生也更有学习兴趣，为教师的教学提供了极大的便利。

（1）信息技术的融入可以提升学生的学习能力。

新课改要求学生成为学习的主人，2022 年新课程标准也提出学生要有一定的科学素养与探究素养。物理学科因其特殊性，许多内容与结论需要师生共同探究获得，但受限于场地、设备，这种探究过程一般由教师代替从而直接给出结论，不利于学生学习能力的培养与提高。

信息技术的融入可以很好地打破传统教学固有的局限，使学生分析问题和解决问题的能力得到提升。在物理课堂上融入信息技术，可以把抽象的知识直观化，使学习资源更为丰富，也能让学生有机会参与到实验的探究过程中。例如利用虚拟仿真实验平台，推进现代信息技术融入实验教学项目，拓展了实验教学内容的深度和广度，利于培养学生观察现象、分析问题、解决问题的能力，真正做到提升学生科学思维和科学探究的素养。

（2）信息技术的融入可以提升学生学习的兴趣。

兴趣是最好的老师，当学生喜欢这门学科时，其他的学科问题将会迎刃而解。利用信息技术把抽象、难懂的知识生动形象地表现出来，能极大地提高学生学习物理的积极性和主动性，提高教师教学效率的同时也能提升学生的学习兴趣。

对于刚步入初中、刚接触物理的学生而言，对物理知识是完全陌生的，无论是理解还是实践都很有难度。所以就需要信息技术的辅助，让学生能看得见、摸得着、直观地了解各种物理原理并亲自参与探索的过程，保持学生对物理的好奇心与求知欲，激发学习物理的兴趣。

教育信息化设备在当今物理教学中扮演着重要的角色，它改变了过去板书加教师讲授的单一教学模式，把声、形、图结合为一体，创造了一个集视觉、听觉和感觉于一体的三维教学环境，大大提高了教学效果。例如在物理课堂上利用希沃平台进行分组竞争，项目内容飞快下落，看看在规定时间内能答对多少题目（可以根据本班学生的能力水平设置相应的时间）。该竞争方式有效地激发了学生学习热情，且在互动后会显示每个人的答题情况，教师可以及时看到学生本节课掌握该知识点的程度。所以信息化教学的典型特征是直观性、生动性和交互性，它使得教师与学生不再受到教学时间和空间的限制，拓宽了教学的深度和广度，将"微观""抽象""晦涩"变得"有声""有形""有色"。

二、国内外研究状况

1. 国外研究综述

关于教育信息化，最早可以追溯到 20 世纪 60 年代，美国的 IBM 公司研发出第一个计算机辅助系统后，教育工作者们就开始利用计算机系统进行一些简单的画图、运算等辅助教学。自 20 世纪 90 年代开始，全球进入信息时代，教育信息化逐步受到各个国家的重视，彼时美国已经有了一些关于教育课程与信息技术整合的文献，但是研究得并不深入，多是关于简单的信息手段和方法应用。其中有两部著作引起了广泛关注，一是罗布耶的《教育技术整合于教学》，二是美国教育技术 CEO 论坛的第三个年度报告，其对信息技术与教育学科的整合研究、关于理论体系的论述，都受到了时人的认可。现如今，美国、英国等发达国家对于教育信息化下信息技术与教育学科的整合研究处于世界领先水平，特别是美国，多是在课前、课后辅助教学中应用信息技术，注重实现信息技术与学科的整合，再者由于美国网络覆盖率较高，为教育信息化、学科教学创新提供了很好的环境。20 世纪末，美国提出"国家信息基础设施"（National Information Infrastructure，NII）计划，开始拓展信息技术在教育领域的应用范围；1996 年，美国国会制订 E-Rate 计划，即折扣补助计划，由联邦通信委员会向有待帮助的学校、图书馆提供通信费用折扣；2002 年 1 月由美国时任总统布什签署的《不让一个孩子掉队法案》（*No Child Left Behind Act*，NCLB）中明确指出利用网络改变传统教育模式；2010 年 3 月，美国联邦通信委员会发布《国家宽带计划》；2015 年 5 月，美国教育部下属教育技术办公室发布第五份国家教育技术规划《为未来而准备的学习——重塑技术在教育中的作用》，要求全美所有学校和教室要实现宽带网络连接，以促进数字化时代的教育变革。只不过，现有文献都是关于数学、语文、英语的居多，与物理学科有关的较少，针对物理演示实验教学创新的研究成果更少。关于教育信息化 2.0 背景下与物理教学相关的研究，主要集中在以下几个方面：

（1）超媒体：主要包含超本文、多媒体这两个方面，超本文是利用关键词检索更多的信息资源，多媒体则是通过文字、图片、视频等媒介呈现信息资源，以此辅助物理演示实验教学，从而更为全面、生动地展现实验过程，便于学生了解各个实验步骤及实验现象等。

（2）仿真实验：通过一些教育软件，将真实的实验过程进行模拟演示，便于学生了解不同实验变量下实验过程及实验现象的变化，从而通过改变实验变量、分析实验过程得出实验结论。

（3）微课：微课由导学案、练习及教学资源组成，是基于学科知识点制作成的网络课程视频、课件等，教师可结合教学需要，录制一些有趣的实验视频并推送给学生，便于学生在演示实验教学前了解一些实验现象、实验步骤等，辅助学生学习。

对于实验教具，国外的教学体系与国内不同，国外更注重知识的应用，注重实践及实验教学。在中学物理实验教学中，国外很早就意识到了实验器材的改进和创新对于培养学生科学素养的重要性。尤其是一些发达国家，虽然他们的教育水平和技术已经达到了比较高的水平，但是他们清楚学生的实践能力及思维能力是无法依靠技术来支撑的。学生能力和思维的培养，还是需要相关实验的支持。所以，国外一些国家早就将自制教具大量应用于物理教学中。

在美国，物理教师一般每节课都要做演示实验。美国的物理教师普遍重视实验，并且这些实验都是他们自己设计的，所有器材都是自己动手制作的。哥伦比亚大学 Megan 教授的"String & Sticky Tape Experiments"系列实验，其内容包含了力、声、电、磁及物理游戏等多方面，且这些实验用的材料都是身边随手可得的器材。美国许多物理或科学教师都自嘲为"仓鼠"（pack rat），因为这些教师往往会有这样一种习惯：看到与物理相关的生活用品就收集起来。美国中学物理教师不仅自制了大量的教具和器材，还组织学生进行多种形式的课下探究活动。美国著名的 The Physics Teacher 和 American Journal of Physics 经常刊登这方面的文章，如"Simple System Experiment with Saxon Bowls（用保龄球做一个实验）"等。

德国的物理教师也很重视物理实验。在德国的物理学界有这样一种说法："没有演示实验的一堂课是不可想象的。"德国物理教师每节课都要做两到三个演示实验。凯泽斯劳滕大学物理系 Bodo Eckert 提出了"低成本－高技术动手实验（Low Cost-High Teach Hands－on Experiments）"的概念，并亲自动手开发了许多的实验案例。Bodo Eckert 认为他提出的这一理念，不仅可以满足现在的教学需求，还能够满足将来的教学需要。在德国，学生应用自制教具进行实验研究的现象很常见。德国的教师和学生都要接受自制实验教具和表演实验的相关技能培训，学生可以很轻松地利用简易的器材完成许多探究实验。

总的来说，国外关于教育信息化下物理演示实验教学创新的研究，并不局限于简单的多媒体信息加工与整合，而是达到了信息技术与物理演示的深度整合，且信息的加工过程是学生接受知识、建构知识的过程。在物理演示实验教学过程中，要突出学生的主体地位，通过微课堂、超媒体等信息化教学手段，来实现教学创新。

2. 国内研究综述

自 2018 年教育部出台《教育信息化 2.0 行动计划》后，如何在教育信息化 2.0 背景下促进信息技术与学科整合，就成为教育领域的重要研究方向，大部分教师、学者都认为应该积极推进学科与信息技术整合，发挥信息技术的教育功能、教育价值，促进学科教学信息化发展。其中，主要的代表人物有李克东、南国农、刘儒德等，相关的研究成果多发表在《中国电化教育》《中小学电教》《电化教育研究》等刊物上，如李克东的《数字化学习（下）——信息技术与课程整合的核心》、祝智庭的《中国教育信息化十年》等。虽然在现有的研究资料中，关于教育信息化 2.0 下物理学科发展研究的文献较少，物理演示实验与信息技术整合也只是其中一个分支，但不可否认的是，信息技术与物理演示实验的整合，是物理实验教学发展、创新的主要研究方向，只是缺乏一定的理论指导和系统的理论支持。这就导致大部分教师只是从个人经验入手，通过提出问题、分析问题、提出策略、实践验证等步骤，探讨如何在教育信息化 2.0 背景下利用各种信息技术手段、网络资源等，促进初中物理演示实验教学创新、改革、发展。综合来看，所取得的成就主要如下：

（1）微视频：许多一线教师探讨了微视频在初中物理演示实验教学中的应用问题及解决对策，如山东济南兴济中学葛孚瑾提出课前应该让学生看与生活相关的视频，引导学生思考物理现象发生的原因，课后推荐学生看总结教学内容的视频，以巩固学习效果。北京市第八十中学骆玉香为了让学生能积极参与实验探究，颠覆了以往教师录制视频、学生观看的方式，让学生回家展开相关实验并录制实验视频上传到网络，教师以此检查学生的学习情况，并选择优秀的视频作为课堂实验演示的教学视频，从而激发学生的学习兴趣，取得了良好的教学效果。

（2）互联网＋多媒体：大部分青年教师运用网络收集与教学相关的多媒体资源，利用这些资源来制作教学课件，或是录制微课视频，通过这种方式来辅助演示实验教学。虽然这种做法未能彻底发挥网络共享的优势，但切实丰富了演示实验的教学内容，使得演示实验教学更具有拓展性。

（3）翻转课堂+微课：翻转课堂、微课都是信息技术发展下所产生的新型教学方法，大部分教师都已经意识到了传统教学课堂的不足，并越来越重视翻转课堂、利用微课进行线上教学等。部分教师也开始通过"翻转课堂+微课"的形式展开物理实验教学，利用微课在课前推送与实验相关的导学视频，点明实验主题、实验原理、实验仪器等，让学生初步认识实验，了解具体的实验过程；课堂上组织学生结合课本知识，亲自动手进行实验操作或是围绕实验现象展开具体分析等；课后则是通过分享课件、微课视频辅助学生巩固知识、完成课后任务。

在国内，对于演示教具的讨论也一直在进行。受国家教委应用物理专业教材委员会的委托，第一届全国物理教学演示实验研讨会于1986年在同济大学举行，时至2021年已经成功举办了十五届。由教育部教育装备研究与发展中心主办的"2021全国中小学优秀自制教具展评活动"也吸引了来自全国各地教育研究者的积极参与。同时各省市也在积极展开各种各样的自制教具评选，如2021年，浙江省举办了"2020—2021年度浙江省中小学优秀自制教具展评活动"，评选出了众多的优秀自制教具和自制教具能手。同年，由湖北省教育厅主办的"湖北省中小学优秀自制教具现场展评活动"也顺利举办。从这些评比活动中不难发现，从学前教育到中小学、大学教育，自制教具的推广与使用几乎覆盖了整个教学阶段。

近年来，国家不断深化教育改革，大力发展素质教育，使物理实验教学日益受到重视。虽然物理实验室中配备了许多实验仪器，但是，厂制仪器在实际应用过程中存在使用刻板、更新不及时等情况，不能满足教学需要。为改变这一现状，提高教学质量，国内对自制教具应用于物理教学中的研究备受关注。我们通过查阅文献，发现研究集中在以下几个方面：

（1）自制教具相关知识的指导教材。

这类文献旨在为广大教师提供自制教具的相关知识。如牟洁编著的《自制教具设计与制作》，其内容包括教具的相关基础理论、自制教具的常用方法与技术、常见传统教具的设计与制作、自制教具评价等；谭福奎编著的《中学物理教具设计与制作技术》一书，主要介绍了自制教具的制作基础、基本技术等方面知识；高佳和贾会彦主编的《教师如何成为教具高手》一书，从对教具的认识、教具制作等方面讲述自制教具的相关知识。

（2）介绍自制教具的具体设计与制作。

这类文献既有汇编成册的图书，也有单篇发表的文章。如黄晓虹主编的

《物理演示实验》一书，对每个实验的教具介绍、实验操作及原理分析都进行详细说明；王漫、代伟等人制作的光的全反射探究式教具及光控音响，提高了课堂实验的效果；熊贵娇利用自制教具改进"探究合力的方法"的实验，更利于学生对知识的理解与掌握。

（3）自制教具在物理教学中的开发与应用。

这类文献多从实验创新与教具的教育功能方面进行研究。如刘炳升、冯容士主编的《中学物理实验教学与自制教具》，该书包含物理实验与科学素质教育、物理实验方法、开发物理实验的教学功能、改进教学仪器和自制教具的创新方法及中学物理创新性实验专题研究五个方面内容，介绍了多种开发自制教具的方法；冯克诚、毕诚主编的《物理实验器材巧用》，针对具体教学内容，介绍一些材料仪器的巧用及实验设计。还有一些期刊文献，如张公明的《利用自制教具培养学生创新能力》一文用具体实例介绍了自制创新教具对学生创新能力的培养，张小兰的《利用自制教具提高初中物理教学效果》一文用具体实例讲述了自制教具对物理教学效果的影响。

此外，实验教学经验交流会和优秀仪器评选活动在全国各地此起彼伏，如中国教育技术装备论坛、教育教学创新研究高峰论坛、教师创新实验教具设计比赛以及大学生与研究生创新实验设计与自制教具展示比赛，等等。

通过对自制教具的文献梳理，可见国内对创新实验及自制教具教学功能的研究已取得一定成果。但在具体教学实践中，一线教师自制教具的目的还是以改进现有教具的不足、改变实验室教具资源短缺的现状为主。文献中的自制教具，一般由教师制作，主要用于证明实验结论及演示现象。而国外自制的教具多由学生动手实践，以提高学生的动手能力、开发学生创造力为主。可以看出，国外十分看重物理自制教具对学生能力素养的培养，而我国在这一方面没有足够重视，应用不够灵活、广泛。所以，在自制教具的开发与应用范围上，国内还有很大的研究空间。

三、研究评述

综上所述，国家已从政策层面要求物理教学重视实验所提供的直接经验对学生学习兴趣以及各方面能力的培养，同时配合多种形式的活动，搭建起构建认知和培养精神的平台。而摆在现实面前的问题是，固定的演示实验对于学生已不算新奇，有些地区本身缺乏正规实验器材，因此选择使用具有更高灵活性和创造性、更低操作难度和成本的自制教具是不错的解决办法，这也符合当下国内外研究的大方向、大趋势。在对自制教具进行进一步研究的过程中，我们发现有些自制教具存在统筹性不高、代表性不强，且没有配套的教学设计等问题。通过梳理文献还可以发现，部分一线教师以及研究者们已经在教育信息化 2.0 背景下，展开了关于物理演示实验教学创新的相关研究，但大部分的研究成果都是关于微视频、多媒体以及翻转课堂等方向，与初中物理演示实验课堂教学联系得不够紧密，仍旧面临着信息技术应用较浅、组织方式较为单一等困境，针对物理实验教学中利用教育信息化 2.0 的技术来制作可视性强、趣味性强、可操作性强的物理实验教具和学生实践性自主演示实验作业的相关研究甚少。本书正是为了突破这一困境，顺应教育信息化 2.0 时代发展，在教育信息化建设进入新时期的背景下，确定研究方向，设计和改造趣味性、统筹性高的自制教具，并且提供该教具能融入、贯穿整堂课教学过程的教学设计。同时，从教学观念、教学组织、教学技术这三个层面，围绕物理演示实验教学创新展开探究，以期提出有效的改进策略，提高初中物理演示实验教学的有效性。

第二节　研究设计

一、总目标

利用自制实验教具来创新物理演示实验和培养学生自主演示实验应成为物理实验教学的一个合作共同体，共同为优化物理课堂、培养学生创新精神，推进为党育人、为国育材贡献力量，营造一个以生为本、师生共同参与的一体化的物理实验课堂。本书旨在通过对教师创新性演示实验教具的制作和实验教具在物理实验教学中的实践——自主演示实验设计的开发与应用进行研究，设计出一系列可供教师在课前情景导入、学生随堂演示的实验。教师可以通过创新演示实验教具来突破物理原理、教学难点，并通过教育信息化 2.0 技术拍摄相应的学生自主实验微视频，在物理实验教学中探究实验的改良和创新，为学生课前、课中、课后提供自主学习的平台，真正做到在做中学、用中学、创中学，全面激发青少年的好奇心、想象力、探求欲，提升学生解决实际问题的能力，发展学生的科学精神和素养。

具体研究目标：

第一，制作一系列创新型实验教具。

第二，设计一系列学生自主演示实验微视频实践作业、实验设计方案（课堂上小组评价学生实践作业）。

第三，构建创新演示实验教具课程体系、学生自主演示实践作业微视频教材课程、评价体系等三个维度一体化实施路径，生成新的演示实验教学案例范式。

二、主要研究内容

本书主要对教育信息化2.0背景下"制作一系列创新型实验教具""设计学生自主演示实践作业微视频"和"演示实验在物理实验教学中的评价体系"三个维度一体化发展路径进行研究。

1. 教育信息化2.0背景下制作一系列创新型实验教具的研究

物理实验教学中，演示实验是新课导入的重要方法之一。实验具有生动、直观、新奇的特点，容易激发学生的直觉兴趣。如能充分发挥实验的趣味性、奇异性、多变性，就能创造出生动的情景，活跃学生思维。演示实验是用来配合教学的，应根据不同教学内容和要求，选择合适的实验，合理地进行实验，以便让学生清楚地认识物理概念和规律。演示实验能够提供丰富的感性材料，变抽象为形象，但它的最终目的是要通过观察启发思维，使学生更好地认识客观规律，发展能力，培养兴趣。因此，在设计和编制演示程序时，必须在启发性上下功夫。演示中的启发性，首先在于以趣激疑，当生动的演示现象出乎学生的意料时，认识的矛盾就会上升为思维的动力。所以我们制作创新型物理实验教具的主要方向是：挖掘初中物理教材中可进行演示实验教学的创新点，设计相应创新型演示实验教具。先从八、九年级物理教材中效果不够理想的演示实验开始改良。以课本"演示""实验""动手动脑学物理""想想做做""科学世界"等板块内容为原素材，利用教育信息化2.0技术，制作实用、简单、直观的创新型教具。

2. 教育信息化2.0背景下学生实践作业微视频在教学中的应用研究

近年来，学生自主创新实验教育教学理念渐渐深入人心，一线教师们积极实践、勇于探索，为新时代中国科学教育事业的向前开拓提供了一种极富建设性的可能思路。2022年4月教育部制定的《义务教育物理课程标准（2022年版）》正式发布，跨学科实践被纳入课程内容，这是从"坐而论道"到实践育人的转变，是新时期社会发展的需求，有助于学生打破学科之间的壁垒，拓宽学习时空，丰富思考问题的路径，提升解决实际问题的能力，是培养学生积极认真的学习态度和乐于实践、敢于创新的科学精神的重要途径。

基于跨学科实践的初中物理作业可以让传统作业有以下转变：①从被动到主动。它趣味性强、选择面广，完成难度因人而异，方便因材施教，将实践作业和书面作业的优势相结合，既有实践中的指引，又有知识的及时归纳总结，还有思维拓展的挑战性任务，让学生"知其然且知其所以然"。②从解题到解决问题。跨学科实践是基于真实情境的学习，能让学生从"坐而论道"向实践应用转变，确保学生"做真学问，真做学问"，而不是简单地学习知识之后再套知识、用知识，跨学科实践更能体现知识的价值。③从继承知识到创造知识。现代知识呈几何级增长，学生理解知识的深度和广度远比掌握知识的速度和精度更重要。在学科知识大单元统领下，跨学科实践作业设计以情境、问题、任务、项目的方式进行"登山式"的呈现和推进，让学生必须去经历、去参与、去探究、去完成、去创作，而不是简单机械地"听、记、背、练"，这一过程会让学生产生更多想法并付诸实践，在实践检验中创造出新的知识，大大激活学生的动力、潜力、能力、实力。④从零散到融合。这是在实际问题的驱动下通过实践对单元知识的一种重新整合，有利于拓展知识视野、淡化学科界限，灵活运用知识解决实际问题，能更好地使学生在不同内容和方法的相互交叉、渗透和整合中提升物理学科核心素养。

3. 教育信息化2.0背景下教师演示实验和学生实践作业融入课程体系的研究

演示实验是物理新课导入、突破学生理解物理原理的深度和广度的重要方法之一，而学生自主实践作业是多学科融合和跨学科知识贯通的重要手段。然而，这两个方面目前缺乏专业、有效的教学方法和经验。为了突破这一瓶颈，我们将校本教材灵活应用起来，以教材为立足点，将活动项目设计与教师的教学融合起来，这样更便于教师开展教学活动，增进教师设计开发校本课程的实施能力。同时，我们还在探索建立一套新的物理实验教学课程教材分类体系，以各学段学生的逻辑思维发展程度为主线，重新对物理实验教学课程教材内容进行分类，建立每个学段需要教什么、教到什么程度、用什么方法教的纵向衔接、横向对应的科学立体的课程体系。

4. 教育信息化2.0背景下初中物理演示实验教学"评价体系一体化"的

研究

教学评价的统一性是教学行为规范的保障。现有的实验课堂教学评价少有将学生自主实践作业的培养纳入评价指标中，这严重阻碍了核心素养在新课程改革中的落实与发展。因此，构建基于核心素养培养的课堂教学评价体系刻不容缓。这要求我们在新一轮课程改革中，依据初中物理教学实际情况，凝练出初中物理核心素养，将学生核心素养的培养落实到新课程标准中，使培养学生核心素养成为新一轮课程改革的指导思想。作为课程改革最终落脚点的物理实验课堂教学，着眼于日常物理实验教学的方方面面，因此，在物理课堂的教和学两方面都应该构建新的评价理论，以适应课程改革发展的需要。如何评估初中物理演示实验教学课程的教学效果、如何科学有效地衡量物理教师的教学绩效、如何建立评价性指标体系，都需要提出有效对策，这也是提高教育信息化2.0背景下初中物理演示实验教学质量的核心问题。我们从八、九年级学生的学习特征入手，提高评课标准一致性，确保评价内容一体化，建立八、九年级系统性评价标准。

三、拟解决的关键问题

（1）解决初中物理教材中存在的问题。通过制作一系列创新型物理演示实验教具，解决八年级和九年级物理教材中效果不够理想的演示实验和课前情景导入的问题。以课本"演示""实验""动手动脑学物理""想想做做""科学世界"等板块内容为原素材，利用教育信息化2.0技术，制作实用、简单、直观的创新型教具。利用创新型教具来创造生动有趣的物理情境，充分发挥物理实验的趣味性、奇异性、多变性，进一步激发学生学习物理的兴趣，活跃学生思维，从而优化物理实验教学工作，提高物理演示实验教学质量，提升学生的专业素养以及核心素养。

（2）解决学生对物理科学技术缺乏内在兴趣等问题。通过开展学生实践性作业，既能减少笔头作业，又能提高学生动手实践能力，促使他们在巩固知识点的基础上提升对物理科学技术的内在兴趣。实践性作业的完成过程是知识和能力的体验过程，更是参与者探究精神的体验过程。初中生在完成物理实践性作业的时候，要带着一定的科学情感。因此，教师要注重在作业中融入一些非智力因素，这样才能更好地落实减负提质的素质教育思想。

（3）完善初中物理实验教材课程体系。通过对八、九年级物理实验部分的课程内容及教学目标的了解，挖掘初中物理教材中可进行演示实验教学的创新点，并在学科知识大单元统领下，设计跨学科实践作业，以情境、问题、任务、项目的方式进行"登山式"的呈现和推进，形成和完善创新实验教具和学生自主实践作业的实验教材课程，全方位、多层次地构建大中小课程的互动机制，推进物理实验教学课程体系一体化的有效进行。

第三节　研究方案

一、研究方法

（1）文献研究法。通过查找文献，笔者对国内外与物理实验教学以及自制教具相关的文献资料进行了整理和归纳，了解国内外的研究现状及取得的成果，为本研究的价值与可行性提供理论依据。再以"教育信息化2.0""物理演示实验""初中物理学生实践作业""评价体系"等作为关键词，在百度学术、中国知网、万方数据库等平台检索与下载相关的文献资料。通过阅读资料与理论学习，深入了解教育信息化2.0背景下物理演示实验教学现状、初中物理学生实践作业的情况以及现有的研究成果，明确基本研究框架，制订可行的研究方案。

（2）访谈法与问卷调查法。以访谈、课堂观察等方式，在前期调研时，对一线教师进行访谈，了解他们在实际教学过程中有无使用过自制教具，以及他们对于自制教具的看法。在进行自制教具的课堂实践后，对物理组教师及实践班级的学生进行访谈。通过对物理组教师进行访谈，了解物理教师对应用自制教具培养学生物理核心素养的看法，并请老师们对自制教具的实践情况进行评价反馈。通过对学生进行访谈，了解学生对教师在课堂中使用自制教具的感受与看法，获得学生的评价反馈，从而了解自制教具实践的结果。同时也进一步获取教育信息化2.0背景下初中物理演示实验教学现状的第一手资料，并针对学校物理课堂教学实际情况，设计调查问卷，选取部分八、九年级学生以及初中物理教师进行问卷调查。通过对收集到的信息进行综合性分析，明确物理演示实验教学中存在的问题及成因，教师、学生对演示实验教学和减少学生书面作业、开展跨学科实践作业的实际看法，为后续研究活动的展开奠定基础。

（3）案例分析法。对课本实验教具及他人自制教具进行分析，了解不足，针对不足设计教具。阐述教具的设计思路及制作过程，并剖析教具的实验操作过程以及在物理教学中的使用方法。结合有关信息技术、网络资源应用到物理演示实验教学中的实际案例，探讨如何通过教育信息化建设促进物理演示实验教学创新，并结合初中生的物理学习现状及个性化需求，从教学观念、教学组织、教学技术三方面入手，提出有效的物理演示实验教学策略、方法，完善初中物理实验教材课程体系，并进行教学设计，编制案例集。

（4）行动研究法。实验开始前，先对实验班与对照班学生的实验操作能力、实验知识水平进行测试，并记录测试成绩，然后对实验班应用研究所制定的教学策略、方法，对照班依旧采用以往的教学方式进行同步教学。实验结束后，再次对实验班与对照班的学生进行实验操作能力、实验知识水平测试，依据 SPSS 对前后两次成绩进行科学的差异性分析，并结合两个班级学生与教师所反馈的信息，检验教学策略、方法、案例对学生学习效果、物理演示实验教学质量等方面的提升是否有帮助。

二、研究思路

本研究从教育信息化 2.0、初中生物理实验学习以及初中物理学科发展这三个层面出发，对教育信息化环境下初中物理演示实验教学现状和学生自主实践作业展开调查与分析，明确教师、学生、学校对演示实验教学和学生自主实践作业的具体看法，并从教学观念、教学组织、教学技术三个方面，对信息技术与初中物理演示实验教学的整合展开探讨，以期提出针对性的创新策略、方法与案例，具体如图 1 - 1 所示：

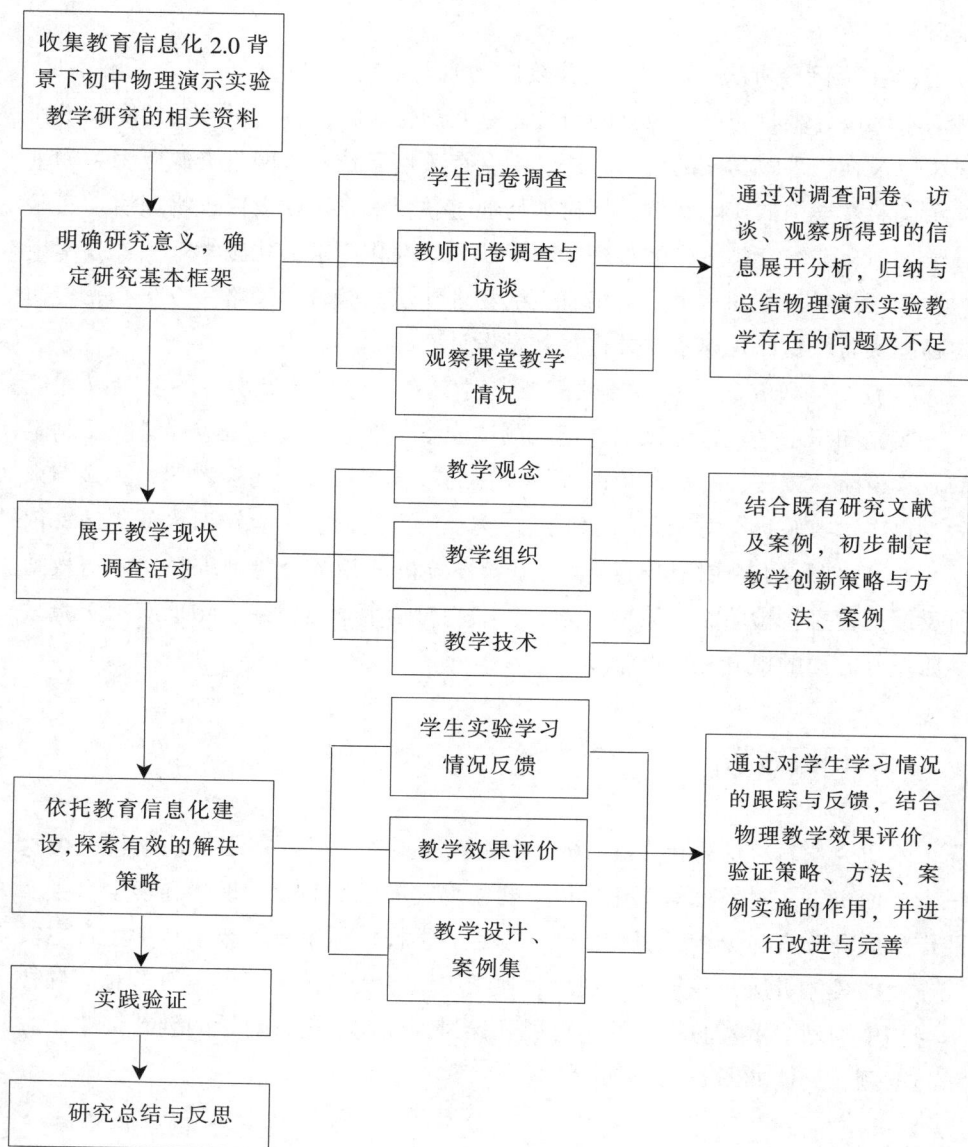

图1-1　教育信息化2.0背景下初中物理演示实验实践研究框架

　　针对自制实验教具，本书结合大量教师和学生的实践成果，归纳出了一般性的制作流程，主要包括分析教材和课标、了解现有教具教学现状、确定教具设计制作的方向、设计制作教具、应用实践等几个环节，具体如图1-2所示。

自制教具	**一、分析教材和课标**	1.按教材章节列出电、力、光等部分所有的实验与实例 2.按课标要求标出重点实验 3.对比分析不同版本教具优点与不足
	二、了解现有教具教学现状	1.整理分析实验室教具存在的不足 2.搜集改进方案 3.对比分析不同版本教具的优点与不足
	三、确定教具设计制作的方向	1.改进现有教具的不足 2.丰富教具的种类 3.通过自制教具培养学生核心素养
	四、设计制作教具	按照教具设计制作的几个方向，分别设计教具并做出作品
	五、应用实践	1.课堂上用教师自制的教具探究规律、演示实验现象 2.学生根据教师的设计，自制教具并观察实验 3.课上师生一起改进教具，课下制作

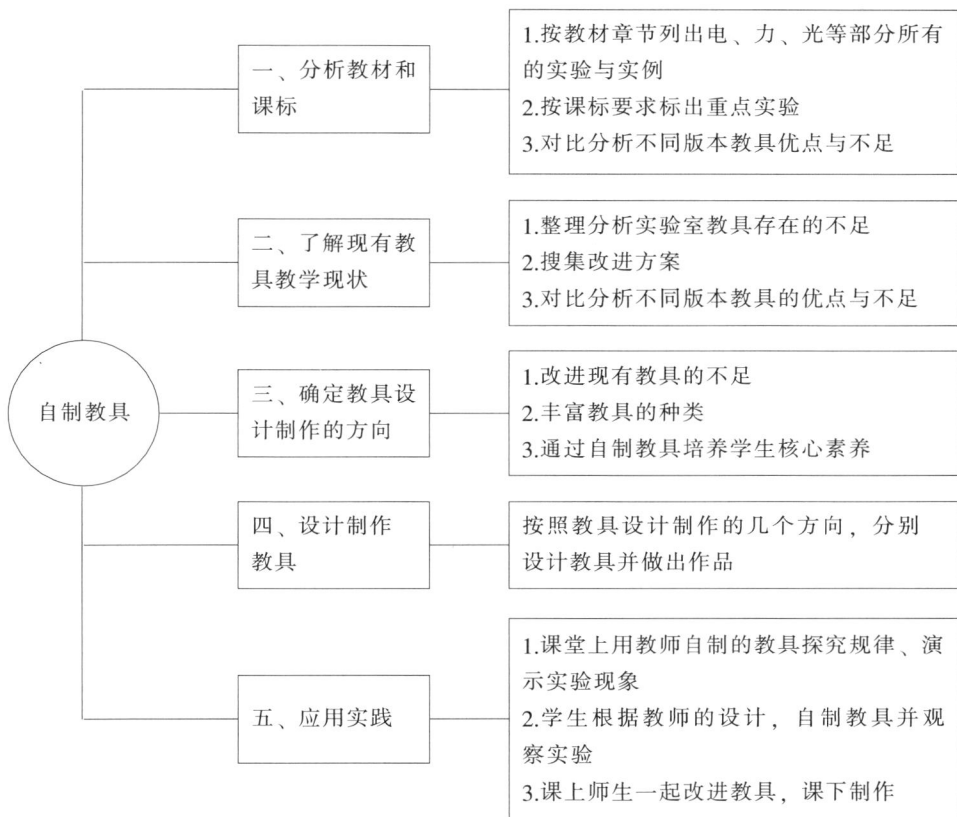

图 1－2　自制实验教具的流程

从图 1－2 可以看出，第一步和第二步是为自制教具做必要的准备。首先对教材和课标进行分析。因佛山地区初中物理选用课本为人教版，所以以人教版教材与 2022 年版新课程标准为主，沪粤版教材作为补充参考，主要对光学、电学、力学和热学的教学内容做到心中有数。其次了解应用现有教具教学的现状，并从以下角度，对实验室教具的使用进行分析：①现有的教具能否给学生提供丰富的感性认识，满足教学需求；②应用实验室教具进行的观察探究过程是否符合学生的认知发展规律，探究得出的结论是否具有普遍性；③教具使用过程中存在哪些问题，学生学习的效果如何。在了解基本情况后，搜集素材，看他人针对教具的不足做了哪些改进，并对不同版本教具的优点与不足进行分析，为下一步自制教具打下基础。

第三步是以培养学生的物理核心素养为目标，确定设计制作教具的几个方向：一是改进现有教具的不足，主要包括：设计不合理、现象不直观、操作不方便等。二是丰富教具的种类，包括：①将课本上的文字情境、实例设计做成情境教具；②应用物理原理设计新教具。三是通过自制教具培养学生核心素养，包括：①师生一起改进教具；②教师设计，学生自己取材制作教具并用于实验；③设计科学小发明、小制作。

第四步是设计制作教具。设计方案要符合教具设计的基本要求，遵循教具设计的基本原则。探究教具的改进设计要具有科学性，探究过程中能有效控制信息的显示；自制的演示教具要做到操作简单方便，演示效果好，具有直观性；情境教具的设计要具有趣味性，能激发学生的学习兴趣和求知欲；小发明、小制作要具有创新性，能够吸引学生的眼球。

第五步是应用实践。自制教具是对实验室教具的有力补充，有利于提高实验探究的效率；情境教具的使用既可增强课堂的趣味性，也可使学生从中获得更多的感性认识，更符合2022年新课标提出的以问题为导向、呈现真实问题情境的要求，能吸引学生的注意力，激发学生学习物理的兴趣；学生自己组装教具进行实验，有利于培养学生的动手操作能力；创新小实验、小发明、小制作等，不仅可以提高学生的学习兴趣，还有利于培养学生的创新思维。此外，学生在动手制作教具的过程中，还可以发现与学习一些课堂中未讲到的隐性知识，体会理论与实践的差距，培养严谨的科学态度与科学精神。

第二章　概念界定和制作原则

第一节　相关概念界定

一、教育信息化2.0

教育信息化2.0是教育信息化发展到一定阶段的产物，可从三个维度来理解：一是基于时间维度的表象概念，将改革开放至今的教育信息化称为1.0时代，将开启新时代的教育信息化称为2.0时代。二是基于目标维度的内涵概念，教育信息化2.0是整个教育生态的重构，通过颠覆性地改变传统的教育模式和方法，最终致力于实现教育的现代化。教育信息化在2.0阶段面对的是被称为"数字原住民"的新一代学习者，更加关注的是如何构建教育的"网络空间命运共同体"，培养学生以正确且合法的方式使用信息技术，理解并尊重知识产权，恪守网络道德，保护个人隐私，维护网络安全，养成利用信息技术进行创造性学习与跨文化交流的能力，成为信息化社会合格的"数字公民"。三是基于教育变革维度的实践概念，包括开发基于信息技术的教学新模式、发展基于互联网的教育服务新模式、探索信息化时代的教育治理新模式等三个转变。教育信息化2.0的价值取向不仅是技术的更新与应用，更多的是促进技术同教育更好地融合，重塑教育的生态系统，进而推动教育现代化。因此，教育信息化2.0的基本特征应是"生态＋人本＋智能"，三者作为教育信息化2.0生态系统的三个重要节点相互影响、协同推进，其中，人本化的服务是目标，生态和智能是构建途径。

二、教具与自制教具

1. 教具

关于教具的定义，有着诸多的表述，其中有代表性的有以下几种：《现代汉语词典》中对"教具"一词的解释是"教学时用来讲解说明某事某物的模型、实物、图表和幻灯等的统称"。刘济昌主编的《教具理论研究导论》一书中则提出："教具是在教学过程中体现教育思想、教育目标、教学内容，运用直观教学、情景模拟、实验观察、信息交流、操作训练等方法时所用器物和装备的总和。"[①] 牟洁主编的《自制教具设计与制作》将教具定义为"教师在教学过程中，根据教学需要，针对教学主题及重难点，为学生提供直观性感知材料的各种信息载体之总称"[②]。

从以上表述中可以得出，教具的范围和种类十分丰富。只要是在教学过程中能起到辅助作用的器物，如实物、图表、标本、仪器等都可称为教具。哪怕是一张卡片、一块砖、一瓶水，凡是能用来讲解说明某事物的，都有可能成为教具。

2. 自制教具

牟洁主编的《自制教具设计与制作》一书中对自制教具的定义是：自制教具通常是指教师根据教学实际需要，因地制宜，自己设计、制作的教具。它既是教师教育科学理论与学科专业素养的综合体现，又是教师教学经验与职业技能相结合的产物，是教具大家族中的重要成员之一。这种表述中自制教具的主体是教师，这也是人们通常意义上对自制教具的理解。还有一种表述将学生也作为自制教具的主体，表述为"自制教具是指在教学活动中，教师或者学生为了更好地传播知识或者理解知识而自己取材自己制作的教学工具"。

除了以上表述，还有人从自制教具的词性出发对其进行定义，认为自制教具实际上包含两层含义：一是自制的教具（名词特性）；二是自己动手制作教具（动词特性）。即一方面指教师或者学生（包括其他人员）自行设计（或他人设计）、自己加工制作（也包括外协加工制作）用于辅助教学的一切器具；另一方面指教师或学生（包括其他人员）自己动手加工制作教具的过程和行为。

---

① 刘济昌. 教具理论研究导论 [M]. 北京：教育科学出版社，2011：45.
② 牟洁. 自制教具设计与制作 [M]. 成都：四川科学技术出版社，2012：12.

本书将教师和学生都作为自制教具的主体，也应用了自制教具的两层含义。具体如下：

①名词性含义：除了实验室现成的配套器材，其他经过教师或学生设计制作而成的用于辅助物理教学的一切器具。包括自制的实验仪器，用于创设情境、模拟现象的小道具及小发明、小制作等。

②动词性含义：教师和学生动手加工制作教具的过程。学生在这个过程中可以获得许多隐性的知识，培养动手能力和创新意识。

3．自制教具培养物理核心素养的两种方式

鉴于自制教具的两层含义，应用自制教具培养物理核心素养也有两种方式。

（1）作为辅助物理教学的器具。

传统的教具一般用于演示现象和探究规律，自制教具可以有更多类型、更多用途。如：用于模拟现实情境的情境教具，应用物理规律的小发明、小制作等，这些教具可以激发学生的学习兴趣，为学生提供更多的感性认识，帮助学生探寻物理规律，形成物理观念，提高实践应用能力。

（2）动手加工制作教具的过程。

在教具制作的过程中，会出现许多问题。有些是技巧方面的，有些是设计的可行性方面的。这些问题不亲自动手做是体会不到的。在解决这些问题的过程中，学生对物理原理有了更深刻的理解，充分锻炼了动手能力。自制教具的过程，不仅可以提高学生发现问题、解决问题的能力，还能锻炼学生思维，培养学生的创新意识。"实践出真知"，自制教具的过程中蕴含了许多隐性的东西，而这些东西对学生物理学科素养的培养是非常重要的。

三、物理学科实践作业

马兴卫在《"双减"背景下物理课外实践作业的选题与开发》中提到，所谓的初中物理课外实践作业是相对于课外书面作业而言的，是一种根据教学进度，以问题或项目为驱动，主要利用生活中的一些日常量具或器材，由学生在家里独自完成或在家长配合下完成的一项研究性实践活动[①]。其完成的形式可以是小制作、PPT 汇报、调查报告、视频等。

———————

① 马兴卫. "双减"背景下物理课外实践作业的选题与开发［J］. 物理教学探讨，2022（8）：8－10.

　　江德华在《论初中物理实践性作业的布置》中提到，初中物理实践性作业属于需要学生动手操作并且应用创新思维的作业形式，这种作业需要学生自己来完成或者通过合作来完成。[①] 在初中物理教育中，实践性作业是非常重要的构成部分，其内容具有实践性和开放性的特点，可以培养学生的创新思维、动手能力，让学生巩固自己学习的物理知识，同时可以提升搜索信息的能力水平，持续拓宽自身的知识面。这样更有利于引导学生进行探索发现，能够使得学生在参与实践的过程中体会、感悟物理知识，认识、了解其中包含的物理规律，并使其思维及创新创造能力得到培养。

　　吴珅珅在《初中物理实验课作业设计研究》中说，实验教学是物理学科教学的核心，作业是教学过程的关键环节。科学的实验课作业设计对于强化学生对物理知识的实践应用能力，提升初中物理教学效果都具有重要意义。[②]

　　综上所述，物理学科实践作业是指通过操作物理实验并根据实验结果进行分析和总结的过程，帮助学生深入了解物理概念，培养科学思维，以倡导学生自制学具、创新实验器材来完成教材实验和设计方案，进行专题探究实验为主，旨在培养学生的求真精神，将传统的作业变成快乐有趣的实验，让学生在玩中学、学中玩，激发学生参与实验活动的兴趣，培养学生收集实验数据、撰写相关物理知识和发现报告的习惯，再引导学生拍摄相关微视频，将制作好的微视频发到相应的平台，与全班师生共享，共同学习探讨。教师优选相关微视频来创新教学方式，优化教学手段，丰富教学内容，提升学生的科学素养。

第二节　理论基础

一、建构主义学习理论

　　建构主义认为，学习者并不是空着脑袋进入学习情境中的，学习不是由教师把知识简单地传递给学生，而是由学生自己建构知识的过程。它强调学习的主动性、实践性、创造性和社会性，并对学习与教学提出了许多新的见解和思想。

　　作为教师，教学时不能无视学习者已有的知识经验，简单强硬地从外部对

---

① 江德华. 论初中物理实践性作业的布置［Z］. 百度文库，2018 – 05 – 23.
② 吴珅珅. 初中物理实验课作业设计研究［J］. 中学科技，2023（9）：74 – 76.

学习者实施知识的"填灌",而是应当把学习者原有的知识经验作为新知识的生长点,引导学生从原有的知识经验中获得新的知识经验。这就要求教师应当作为一名引导者。作为学习者(学生),要对新旧知识进行同化和顺应,不能脱离原有的知识经验,而应将原有的知识经验作为新知识的生长点,要在原有的知识经验中衍生出新的知识经验,最好能到现实世界的真实环境中去感受、去体验,获得直接经验,而不仅仅是聆听教师关于这种经验的介绍和讲解。另外,学习是学生主动的建构活动,学习应与一定的情境相联系。在实际情境下进行学习,可以使学生利用原有的知识经验同化当前要学习的新知识。这样获取的知识,不但便于保存,而且容易迁移到新的问题情境中去。

二、学习动机理论

学生的学习行为需要由一定的动机来激发和维持,这就是学习动机,是完成某些学业活动、达成某些学习目标最原始的动力。如果学生的学习活动是毫无动机的、完全被动的、不感兴趣的,那么无论是学习者还是教育者的预期都难以达成。从学生整体的学习活动来说,学习动机包括对知识价值的认识、对学习的直接兴趣、对自身学习能力的认识、对学习成绩的归因四个方面。如果将焦点放在具体的某一堂课中,情境创设对在课堂一开始就激发学生的学习动机是十分有效的。教师需要在整体把握教学内容的基础上,为学生创造一个需要解决问题的环境,而仅凭学生已有的认知水平是无法解决该问题的,这种知识的缺口和想要解决问题的需要形成冲突,于是就产生了学习的动机。但是,学习动机并非完全有益于学生的学习。心理学家耶克斯和多德森就指出,过低和过高的动机水平反而会对任务的完成起到消极作用。这就需要教师从各个角度考虑到学生的发展水平。自制教具因其趣味性和直观性,十分适合用来给学生创造问题情境,从而激发他们的学习动机。当自制教具配上合适的教学设计,就能达到让这种动机贯穿教学的各个环节的目的,使整堂课都充满生机。

三、多方面兴趣理论

多方面兴趣理论是由赫尔巴特提出的作为其教学论心理基础的重要概念,强调要通过多方面兴趣的拓展,形成儿童主动的受教育意愿。他将兴趣分为六类:经验的兴趣、思辨的兴趣、审美的兴趣、同情的兴趣、社会的兴趣、宗教的兴趣。另外还提出了如何培养多方面兴趣，兴趣的形成可以分解为四个阶段：注意、期望、要求、行动。具体来说，就是当一种观念从其他观念中突显出来，会激发学习者的兴趣，但如果这种观念不能立即实现，兴趣就会存在于期望之中，直到期望中的忍耐消失后，兴趣就转变为更加强烈的欲望，并呈现为对事物的需求，如果人的各种器官和思维都可以服务于这种需求，那么这种需求就会转化为具体的行动。在这一过程中，学习者获得了对学习事件的判断能力，拓展出了将所学到的内容运用到教学情境之外的兴趣。自制教具有很强的灵活性和趣味性，生活中常见的材料经过简单的加工就可以呈现出意想不到的效果，对学生来说可以很好地吸引有意注意，激发兴趣，使之产生学习需求，从而进行学习行为。

四、布鲁纳"认知－发现"学习理论

在布鲁纳的著作中，所谓认知结构，就是表征（representation，也译为"再现表象"）。实际上，表征或表征系统，是人们知觉和认识世界的一套规则。在人类智慧生长期间，有三种表征系统在起作用，这就是动作表征、肖像表征和符号表征——即通过动作或行动、肖像或映象，以及各种符号来认识事物。这三种表征系统，实质上是三种信息加工系统。它包括已经获得的知识经验，也包括与这些知识经验相联系的活动方式。每个人包括初中学生在内，一直在连续不断地使用这三种表征系统，凭借它们来认识世界。事实上，这种认知结构一经建立，就成为学生进一步学习的重要的内部因素。它是理解新知识的基础，也是对新的信息进行加工的依据。布鲁纳认为，学习的过程实际上是人们利用已有的认知结构，对新的知识经验进行加工改造并形成新的认知结构的过程。在学习中，新的知识经验不是纳入原有的认知结构（同化），就是引起原有的认知结构的改组（顺应），从而产生新的认知结构。这个过程不是被动地产生的，而是一种积极主动的过程。

布鲁纳认为，学生不是被动的知识接受者，而是积极的信息加工者。学生的学习包括三个几乎同时发生的过程：①获得新信息；②转换信息，使其适合于新的任务；③评价、检查加工处理信息的方式是否适合于该任务。

所谓新的知识是指与已往所知道的知识不同的知识，或者是已往知识的另一种表现方式。新知识的获得过程是它与已有的知识发生联系的相互作用的过程，是主动地接受和理解的过程。新知识的转化是对它的进一步加工，使之成为认知结构的有机构成部分并适应新的任务的过程。评价是指对新知识的一种检验与核对，看自己的理解与概括是否正确，能不能正确地应用。简而言之，学生的学习认知过程就是对新知识的获得、转化和评价三个几乎同时发生的过程。

布鲁纳认为，任何知识都可以用一种简单明了的形式呈现出来，使每个学生都能理解。任何一门学科也都有它基本的知识结构。学生学习的主要任务是掌握该门学科基本的知识结构，在头脑中形成相应的知识体系或编码系统。他指出，教学不能逐个地教给学生每个事物，最重要的是使学生获得一套概括性的基本原理或思想。这些原理或思想构成了理解事物的最佳的认知结构。教学的任务就在于让学生形成这种认知结构。为此，在教学活动中必须把各门学科的基本结构的学习放在中心地位。无论是教材的编写还是教学活动的进行，都应侧重于让学生掌握一门学科的基本结构。

布鲁纳提出了发现法教学。所谓发现法，是指设置一定的学习情境，让学生主动地探究和发现事物的特性、原理和原则的教学方法。布鲁纳说："无论哪里，在知识的最前哨也好，在三年级的教室里也好，智力的活动全都相同。一位科学家在他的书桌上或实验室里所做的，一位文学评论家在读一首诗时所做的，正象从事类似活动而想要获得理解的任何其他人所做的一样，都是属于同一类的活动。其间的差别，仅在程度而不在性质。"[①] 因此，学习物理知识的学生和物理学家的认识活动的性质是相同的。如果能像物理学家的认识活动那样来学习物理学，会容易一些。物理学家能够发现的规律，学生也可以用同样的方法获得。他认为，发现不限于寻求人类尚未知晓的事物，也包括用自己的头脑亲自获得知识的一切方法，并强调学生不是被动的、消极的知识的接收者，而是主动的、积极的知识的探究者。在教学过程中，教师的作用是要形成一种学生能够独立探究的领域，让学生试着做，边做边想，而不是提供现成的知识。他强调直觉思维在学生学习上的重要性，认为直觉思维是采用跃进、越级和走捷径的方式来进行的，其本质是映象或图像性的，一般不靠言语信息。学生的学习需要也有可能使用直觉思维，所不同的只是问题的程度，但问题的性质与科学家面临的问题性质是一样的。教师要帮助学生在探究活动中形成丰富的表象，防止过早语言化。要重视形成学生的内部学习动机，或把外部动机转化成内部学习动机。他认为好奇心是"学生内部动机的原型"。他强调信息

---

① 布鲁纳. 教育过程［M］. 上海师范大学外国教育研究室，译. 上海：上海人民出版社，1973：9－10.

提取，认为人类记忆的首要目的不是贮存，而是提取。提取信息的关键在于组织信息，知道信息贮存在哪里和怎样才能提取信息。所以学生如何组织信息，对提取信息有很大的影响。而学生亲自参与发现事物的活动，必然会用某种方式对它们加以组织，从而对记忆具有最好的效果。

五、青少年心理发展特点

初中阶段的青少年经历着生理和心理的巨大变化，他们的自我意识开始初步觉醒，独立意向显著，常常对自我和周围世界持否定的态度，因此发现式教育往往比填鸭式教育能起到更好的效果，带有解密性质的自制趣味性教具可以很大程度地让学生参与到课堂中，成为学习的主人。另外，比起使用具象思维来单纯观察和概括事物的外在特征，用来帮助他们发现事物本质和彼此联系的抽象思维的发展是该阶段青少年思维发展的主要命题。但是这种发展不是一蹴而就的，两者之间需要一定的过渡。物理学科的学习需要从大量的现象中抽离出抽象的定理、规律、公式和图像，而课堂教学的时间和空间都十分有限，这就需要教师充分利用有限的资源。

第三节　制作原则

一、自制教具应遵循的原则

通过对有关文献的阅读整理，我们将教具制作应遵循的原则总结为以下几点：

（1）目的性原则。教具的设计不是随意的。教师需要根据教学内容、教学目标以及实验条件等因素，在相关理论的指导下，设计适合的教具。自制教具的设计必须根据教学需要，有明确的目的指向，能够准确地表达知识信息，让学生获得感性认识，引导学生思维。

（2）科学性原则。教具的使用是为了更好地促进教学，因此其运用的原理一定要是科学的、正确的、符合学术规范的。在很多情况下，学生以其现有的认知发展水平并不能完全理解所有的现象和原理，这就需要教师处理好学生当下"需要知道的"和"教具所包含的"物理原理之间的度，对于那些暂时无法解释清楚的，可以作为课外活动让学有余力的学生自主探索，或者暂时留出疑问，等到合适的时机再给予解答，但无论如何都不能罔顾事实，误导学生，从而给他们留下错误的认知。

（3）直观性原则。直观性指的就是自制教具及其呈现的现象应该是明显、直观、易于观察的。越直观，越方便学生的观察和理解，也就能看得越透。而有一些特殊的实验，比如一部分光学实验，由于对光线的强度有一定的需求，从而不能让所有学生都直观体验时，教师可以借助如今发达的多媒体设施来实现效果的放大。

（4）趣味性原则。一个成功的自制教具应该能使学生感受到学习的乐趣。自制教具的使用很大程度上是为了提高学生学习物理的积极性，激发学生的兴趣和欲望。在设计自制教具的时候，应在保证其科学性的基础上，适当增添一些趣味性，可以是外观上的生动有趣，也可以是现象上的意想不到，同时教师生动的语言和操作也是必不可少的，目的是让学生能够感受到物理学习的魅力。

（5）信息控制性原则。自制教具在演示时要能够有效控制信息的呈现。既能够呈现动态的过程，又能够静态呈现具有特征性的主要内容，或者能够再现重点瞬间，同时还能够按教学进程及学生的认知发展规律，分步骤地逐次呈现教育信息。

（6）简单性原则。自制教具相较于工业成品教具，很大的特点就是其无论是从结构上还是材料上都较为简单。装置越简单，学生理解起来就越容易，结构过于复杂的仪器会分散学生的注意力，给他们的认知建构造成压力和困难。所以在制作教具时，应尽可能采用学生常见且易于获得的材料，教具的结构也要尽可能简单直观，拉近课堂与生活的关系，从而利于形成生活化的物理观念。

（7）参与性原则。自制教具不是只有教师才能做，学生也要尽可能多地参与进来。学生积极参与制作，不仅可以获得知识，还能培养动手能力、创新意识等，达到综合性的教学效果。

（8）创新性原则。自制教具不能只是对现有教具或他人自制教具的原样复制，很多时候需要自己创新。教师应根据物理原理，从外观样式、功能、操作等方面，进行创新性的设计。凭借独特的设计吸引学生，可达到更好的教学效果。同时，让学生参与到自制教具的过程中来，鼓励学生创新发明，培养学生创新意识。

（9）低成本原则。在校教师自制教具，成本问题不容忽视。教具的制作材料及加工工艺，要充分考虑实验室现有资源的限制。自制教具是对实验室配备仪器的改进与补充，应充分合理利用实验室资源，利用身边的物品、器具、材料等进行设计制作。

二、自制教具的建议

（1）设计教具时要考虑材料成本，尽量选用身边物品及廉价材料。设计教具之初，就需要将成本考虑进去。教具设计出来，在做出实物之前，设计的可行性和实验效果都不能保证。有时候可能耗费许多材料配件，但结果并不理想。所以，设计方案需要购买比较贵的材料配件时，就需要慎之又慎。可以先考虑能否用现有的或廉价的东西代替。如若不能，则在购买材料之前要反复确认设计的可行性及此自制教具在教学过程中的应用价值。

（2）多考虑设计制作情境教具。情境教具设计不需要多复杂，也不需要多高的成本，却能激发学生的学习兴趣，让学生获得更多的感性认识。像课本中的一些生活实例，很多都可以做成情境教具。如：光的折射中叉鱼的生活实例，就可以做成情境体验教具。学生可以通过教具，现场体验叉鱼。除了课本上的一些实例，教师还可以自己创设情境。如，在学习"凸透镜汇聚太阳光"这一知识时，教师就可以用自制教具创设一个"解救小鸭子"的问题情境。最后得出用凸透镜汇聚太阳光将绳子烧断，从而解救被吊在水面上的小鸭子的方案。这样的情境，既增加了课堂的趣味性，又可以培养学生学以致用、解决问题的能力。

（3）应用物理原理，设计创新小教具。应用物理原理，可以设计制作各种各样的小玩具、小发明。这些制作既可用于课堂教学，也可用于学生课外实践。如：利用平面镜成像的特点，我们可以用一个纸盒、一块玻璃和一块镜子制作一个魔术钱盒。方法是：将纸盒的一个侧面换成玻璃，将镜子放到盒子对角面上，纸盒上底面开一个矩形孔，用于放硬币。从玻璃一面看，可以看到盒子里面。由于对角面处放了镜子，所以只能看到盒子一半的空间。但因为镜子中的像，看上去像是整个空间。放硬币时，如果硬币落入看不到的那一半空间，看上去就像硬币消失了。当打开盒子，答案揭晓，全是因为一块平面镜。在学生感叹物理神奇的同时，激起学生对平面镜成像原理的探究欲，顺利引入新课。

（4）让学生参与，重视自制教具的过程。在制作教具的过程中，会出现许多问题。有些是技巧方面的，有些是设计可行性方面的。这些问题不亲自动手做是体会不到的。在解决这些问题的过程中，学生对物理原理有了更深刻的理解，充分锻炼了动手能力。这些问题的解决，不仅可以提高学生发现问题、解决问题的能力，还能锻炼学生思维，培养学生的创新意识。所以，自制教具的过程中蕴含了许多隐性的东西，而这些东西对学生物理学科素养的培养是非常重要的。"实践出真知"，教师应重视学生参与自制教具的过程。

第三章 初中物理课堂中自制教具的应用现状调查

第一节 调查目的

为了了解初中物理教学和教师自制教具的真实情况，以及初中物理课堂上自制教具的使用情况，我们对佛山市南海区桂城街道的文翰中学、平洲二中、南海实验中学、灯湖中学和顺德区大墩中学等五所学校进行了走访调查。针对初中阶段物理课堂自制教具的使用情况，从教师和学生两方面进行问卷调查，发现实验教学存在的问题，从而更好地制定研究策略。调查问卷详见附录1、附录2。

第二节 调查问卷的设计与实施过程

一、问卷的设计

在大量阅读文献的基础上，笔者与导师和学校一线优秀教师反复讨论，最终确定从教师和学生两个角度进行调查，教师问卷和学生问卷设置问题的具体情况分别如表3-1与表3-2所示。

表3-1 教师问卷细目

调查维度	相应题号	题目数量
初中物理实验开展与自制教具应用的现状	1、2、3、4、5、6、7	7
调查对象对初中物理实验与自制教具的态度	8	1

表 3 - 2　学生问卷细目

调查内容	相应题号	题目数量
调查对象对初中物理实验与自制教具的态度	1、2、9	3
初中物理实验开展与自制教具应用的现状	3、4、5、6、7、8	6
调查对象对应用自制教具的评价	10	1

二、问卷的实施过程

依托问卷星小程序设置问卷内容，教师问卷通过南海区物理教师教研交流群发给各位老师，老师自愿线上填写；学生问卷通过佛山市南海区桂城街道平洲二中物理组各位老师协助将问卷发到各班 QQ 群内，学生自愿线上填写。为保证数据真实反映教师及学生对于物理自制教具用于实验教学的态度，本次问卷调查采用匿名的方式进行，通过问卷星小程序自动生成多种数据，再进行对比分析。参与问卷调查的教师为佛山市南海区各中学一线物理教师、骨干物理教师，共 38 名，其中有效问卷 38 份，回收率 100%。参与问卷调查的学生为佛山市南海区桂城街道平洲二中八年级和九年级学生，共计 300 名学生参与问卷调查，其中有效问卷 289 份，回收率 96%。

第三节　调查结果分析

一、学生问卷数据统计

对学生问卷调查的数据进行分析，得出以下结论：

1. 学生对物理学科的态度

第 1 题：你对物理学科感兴趣吗？

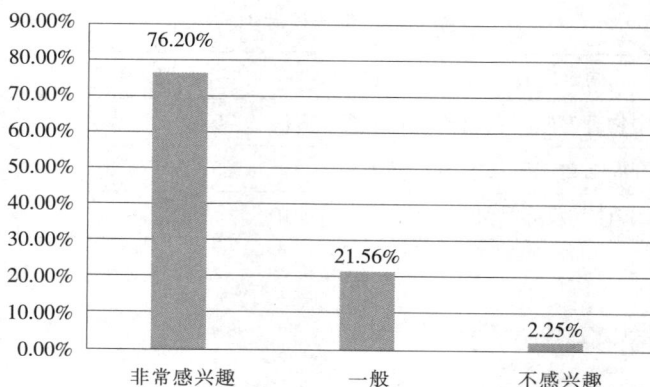

图3-1 学生对物理学科的态度统计

图3-1中的数据显示，76.20%的学生对物理学科非常感兴趣，21.56%的学生对物理学科持一般态度，仅有2.25%的极少数学生对物理不感兴趣，这说明了物理学科能够被大多数学生接受，这与物理学科实践性的特点息息相关。但初中阶段的学生正处于具象思维向抽象思维过渡的阶段，部分抽象的、不易观察的物理现象或物理规律不能被学生真正理解，对学生的物理学习产生消极影响，所以教师应多研究教材，利用学生身边的材料自制教具，帮助学生更好地理解物理现象和物理规律，使学生不仅能更好地学习物理知识，还能提升对于生活的积极态度。

2. 学生喜欢的教学环节

第2题：物理课堂中最吸引你的部分是什么？

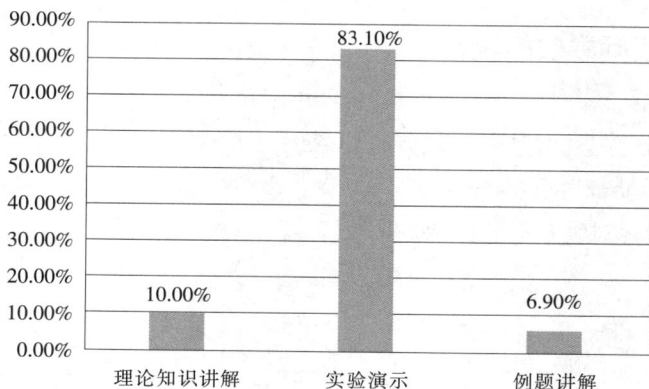

图3-2 物理课堂环节吸引度统计

图 3 - 2 中的数据显示，83.10% 的学生认为实验演示更能吸引自己，10.00% 的学生认为理论知识讲解的过程对自己吸引力比较大，6.90% 的学生喜欢例题讲解。由此可知，学生喜欢物理的重要原因之一就是受到了演示实验的吸引，实验教学可以帮助学生更好地理解所学习的知识，但学生对理论知识讲解和例题讲解的积极性较低，不利于学生兴趣的培养。

3. 物理课堂教具使用情况

第 3 题：教师在物理课堂上会经常使用实验教学吗？

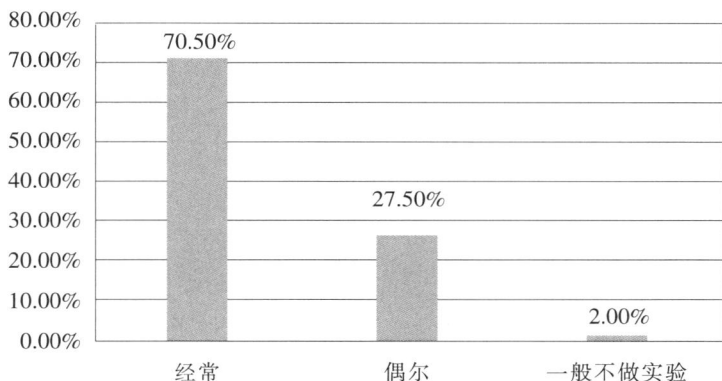

图 3 - 3　物理课堂教具使用情况统计

图 3 - 3 中的数据显示，70.50% 的学生反映教师在物理课堂教学过程中经常使用教具进行教学，27.50% 的学生反映教师偶尔在课堂上利用教具进行授课，仅有 2.00% 的学生反映教师一般不做实验。可见，实验教学越来越受到重视，教师也逐渐认识到实验教学的重要性并付诸实践，但不同教师教具使用情况差别较大。

4. 演示实验的教学方式

第 4 题：演示实验，教师一般采用什么方式？

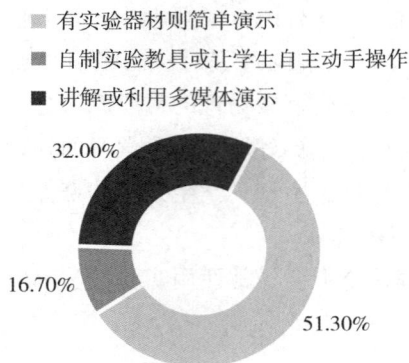

图 3 - 4　物理课堂演示实验教学方式统计

图 3 - 4 中的数据显示，32.00% 的学生反映教师在实验教学时采用讲解或利用多媒体演示的方式；51.30% 的学生反映教师在物理授课时，有教具则简单演示，没有教具就会采用直接讲解或多媒体授课的方式；仅有 16.70% 的学生反映教师会自制实验教具或创造条件让学生自主动手操作。可见，实验教学虽然被教师逐渐接受，但在没有合适教具的时候，教师还是以讲解或多媒体演示的方式进行授课，只有少数教师能为保证实验教学效果自制实验教具进行教学。

5. 实验课堂与理论课堂对比

第 5 题：有演示实验的物理课堂和只有理论讲解的物理课堂相比，你觉得哪一种课堂对你来说学习效果更好？

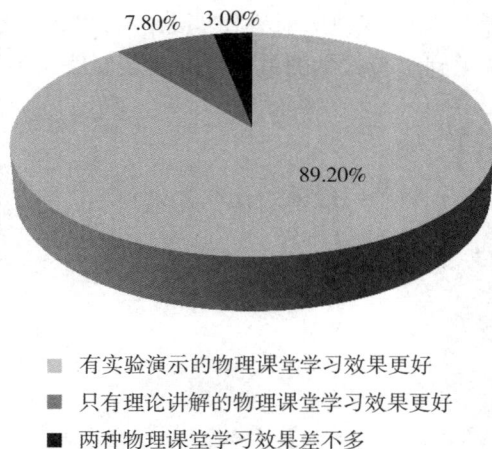

图 3 - 5　实验课堂与理论课堂对比统计

图3-5中的数据显示，89.20%的学生认为有实验演示的物理课堂学习效果要更好一些，7.80%的学生认为只有理论讲解的物理课堂学习效果更好，仅有3.00%的学生认为两种物理课堂的学习效果差不多。可见，有实验的课堂更容易被大多数的同学所接受，这与前面仅有16.70%的老师会自制实验教具进行教学相矛盾，因此，教师应尽快转变教学方式，真正体现物理学科实践性的特点。

6. 学生动手实验的效果

第6题：你觉得去实验室自己动手操作，对你的物理学习有帮助吗？

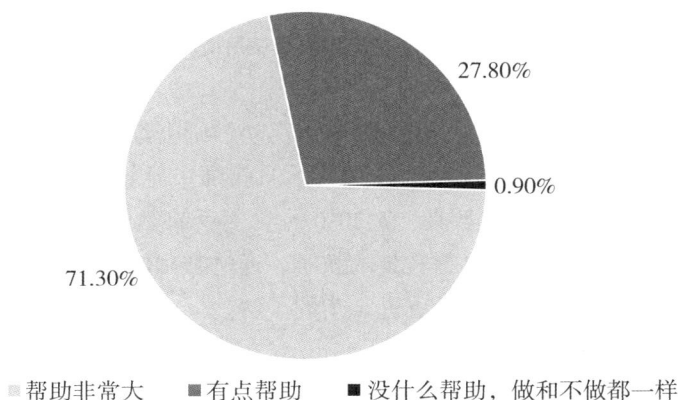

图3-6　学生动手实验的效果统计

图3-6中的数据显示，71.30%的学生认为自己动手实验对学习有非常大的帮助，27.80%的学生认为实验对自己有点帮助，仅有0.90%的学生认为实验可做可不做，对自己的学习没有什么帮助。通过组织实验课发现，认为帮助不大或者没有帮助的学生中，部分学生没有掌握最基本的实验原理，实验过程中漫无目的，不知道该如何操作；还有一部分学生出于对器材的好奇，没有听从教师的指导，自己随意摆弄器材。这也反映出现阶段初中物理教学实验频率还不够，此外教师在组织学生实验时要更恰当地进行实验课堂的设计，从而保证学生在实验课堂上的课堂效率。

7. 物理课堂自制教具使用情况

第7题：除了教科书中的演示实验和学生实验，教师还会演示其他简易的自制教具实验或鼓励学生自己动手设计实验吗？

■经常会　■偶尔会　■不会自制教具

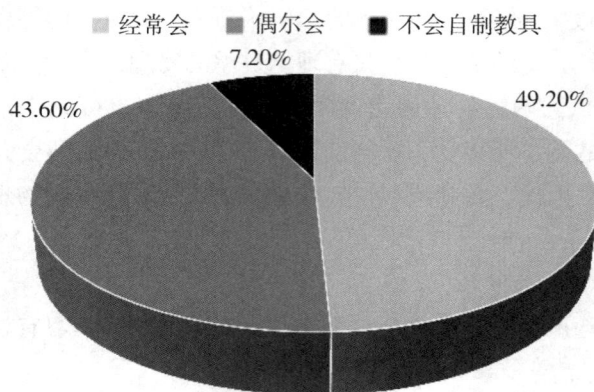

图3-7　物理课堂自制教具使用情况统计

　　图3-7中的数据显示，49.20%的学生反映教师会经常自制教具，根据与学生交流得知，经常利用自制教具进行教学的教师中年轻教师偏多；43.60%的学生反映教师偶尔会自制教具；7.20%的学生反映教师不会自制教具。可见，教师开始有意识地进行自制教具的教学。通过教师问卷调查结果可对教师获取自制教具的方式及想法进行更进一步的了解。

　　8.实验对学生的影响

　　第8题：实验对你最深的影响是什么？

图3-8　实验对学生的影响情况统计

　　图3-8中的数据显示，61.80%的学生认为实验可以有效帮助自己建立物理概念和理解物理习题，35.00%的学生反映实验可以切实激发自己对物理学

习的兴趣，仅有 3.20% 的学生觉得实验对自己没什么影响。可见，实验对绝大多数学生有着积极影响，尤其在帮助学生对物理知识的学习方面成效显著。这也反映出进行实验教学的必要性。

9. 自制教具实验与传统实验对比

第 9 题：利用生活中的物品设计的简易自制教具实验和传统实验相比，你更喜欢哪一种？

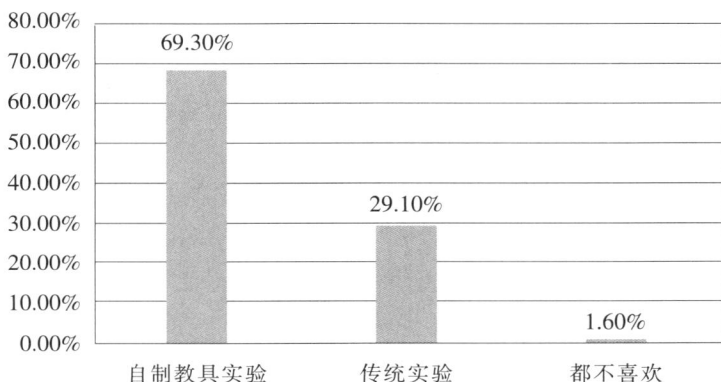

图 3 - 9 **自制教具实验与传统实验对比统计**

图 3 - 9 中的数据显示，69.30% 的学生更加喜欢自制教具实验，它相比于传统实验，所需要的器材一般来源于生活，更贴近生活实际，学生在制作教具过程中参与度更高；29.10% 的学生更加喜欢传统实验，它相比于自制教具实验更加成熟，是经过长时间使用验证的，与课本内容更加贴合；仅有 1.60% 的学生不喜欢实验。可见，实验教学适合绝大部分学生，传统实验与自制教具实验都具有各自的优势，教师在教学过程中应该合理把握自制教具与传统教具的关系，取长补短，把最适合学生的实验呈现给学生。

10. 自制教具对学生学习的意义

第 10 题：（可多选）教师在课堂上的自制教具演示实验对你的物理学习有什么意义？

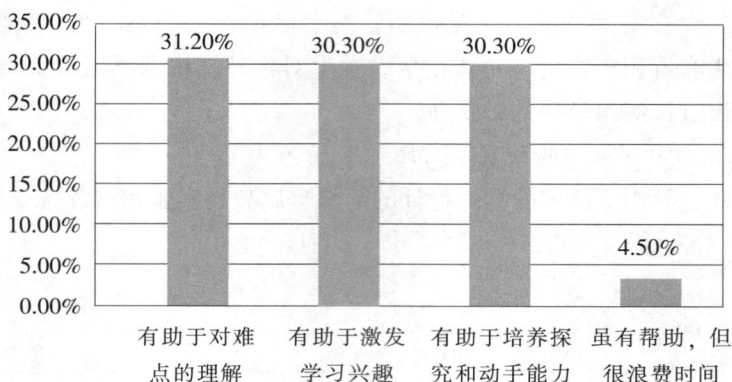

图 3 - 10　自制教具对学生学习意义统计

图 3 - 10 中的数据显示，31.20% 的学生认为自制教具有助于对难点的理解；30.30% 的学生认为自制教具可以有效激发学习兴趣，活跃课堂气氛；30.30% 的学生认为自制教具有助于培养探究和动手能力，发散思维；4.50% 的学生认为自制教具虽然有作用，但是很浪费时间，得不偿失。可见，除个别学生外，大多数学生都认可自制教具教学方式的积极意义，认为其对自己学习兴趣的激发、难点的突破、动手能力和发散思维的培养等起到了促进作用。但少数学生反映的浪费时间问题也应该引起教师注意，在自制教具设计与制作过程中，需要教师对任务的布置、原理的说明、教具的制作等方面给予学生更加细致的引导，使自制教具更加高效，更好地帮助学生学习。

总体而言，根据对学生的问卷调查可知：初中阶段的学生对物理学习保持有较高的热情，其中重要原因之一就是有自制教具辅助课堂教学，并且自制教具有助于激发学生自身的学习兴趣，帮助学生更好地突破难点，培养自身的探究能力和动手能力以及发散思维。但是部分教师依旧采用"灌输式"的思想，本着"做实验不如讲实验，讲实验不如背实验"的原则，在授课过程中多采用直接讲解或者利用多媒体演示代替做实验的方式，对学生学习兴趣的培养和知识的掌握具有消极意义。

二、教师问卷数据统计

1. 教师对演示实验的态度

第 1 题：您在教学中做演示实验吗？

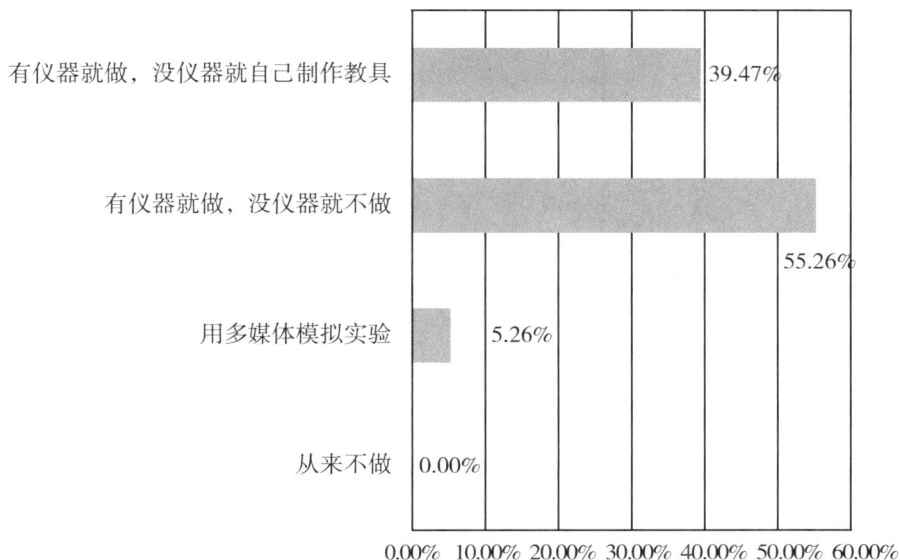

图 3 – 11 　教师对演示实验的态度统计

图 3 – 11 中的数据显示，关于演示实验，55. 26% 的教师的想法是有仪器就做，没仪器就不做；39. 47% 的教师反映有仪器就做，没仪器就自己制作教具；5. 26% 的教师选择用多媒体进行模拟实验；没有从来不做实验的教师。可见，由于课程改革的进行，教师已经认识到了实验教学的重要性，但是在没有仪器的情况下，仅有一小部分教师选择自制教具，大部分教师选择讲解或用多媒体模拟实验，过于依赖现有的教学资源，没有创新，既限制了教师自身的发展，也不利于学生知识的突破以及兴趣的培养。

2. 教师在缺少器材时的解决方法

第 2 题：做演示实验时，如果实验室没有器材，您会怎么做？

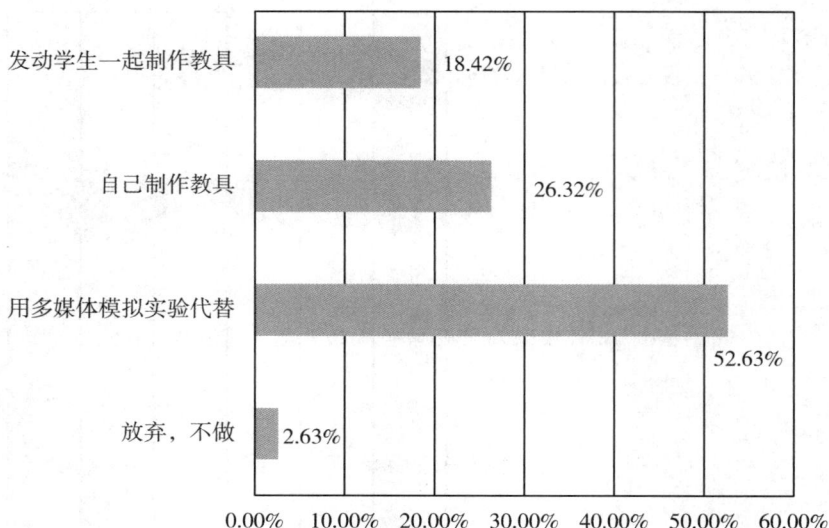

图3-12　教具缺失时教师的授课方式统计

图3-12中的数据显示，在没有实验器材的情况下，52.63%的教师选择用多媒体模拟实验来代替课堂演示实验，26.32%的教师会选择自己制作教具，也有18.42%的教师会发动学生一起制作教具，直接放弃不做的教师占少数，仅2.63%。可见，教师虽然意识到了实验教学的重要性，但大多还是习惯用以前的授课方式，只有一小部分教师自己制作教具，或者发动学生一起制作教具。

3. 教师自制教具的情况

第3题：您会自己制作实验教具吗？

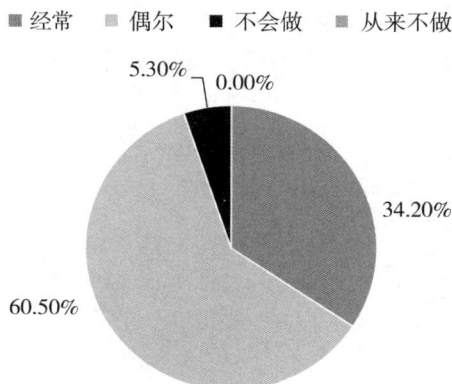

图3-13　教师自制教具情况统计

图 3 – 13 中的数据显示，34.20% 的教师会经常制作教具；60.50% 的教师偶尔会制作教具；5.30% 的教师反映自己不会自制教具，在自制教具制作方面存在能力上的不足；没有教师从来不做。可见，自制教具已经渗透进教师的教学当中，教师们都意识到了自制教具的重要作用，但是，大部分教师仅在参加各种优质课比赛的时候，才会偶尔自制教具，还有一部分教师是因为能力不足不会自制教具，所以，为教师提供自制教具的基本思路和更多的自制教具成功教学案例，显得尤为重要。

4. 教师对自制教具的看法

第 4 题：您对自制教具有何看法？

■ 有多媒体，没必要自制教具

■ 自制教具比较粗糙，拿不上台面

■ 用实验室仪器就行，没必要自制教具

▫ 自制教具可以解决实验室器材短缺的问题，还能培养学生各方面能力

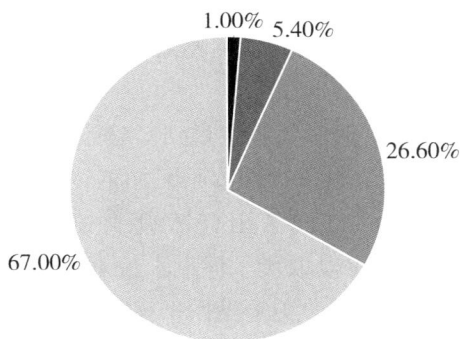

1.00%　5.40%

26.60%

67.00%

图 3 – 14 教师对自制教具的态度统计

图 3 – 14 中的数据显示，67.00% 的教师认可自制教具的积极作用，认为自制教具可以有效解决实验室器材短缺的问题，还能够培养学生各方面的能力，促进学生的发展；26.60% 的教师认为用实验室仪器就可以了，没必要自制教具；5.40% 的教师认为自己制作的教具相对粗糙，拿不上台面，这也提醒教师在自制教具制作的过程中，除实用性外，还要注意美观；1.00% 的教师认为有多媒体，没必要自制教具。过于依赖已有的实验器材，长时间没有创新，不仅不利于教师的发展，同样也不利于学生能力的培养，与现在全面提升学生

核心素养的课程理念相违背。没有教师认为多媒体可以完全替代自制教具，也反向证明了自制教具的重要性。

5. 教师不自制教具的原因

第5题：您不想自己制作实验教具的最主要原因是什么？

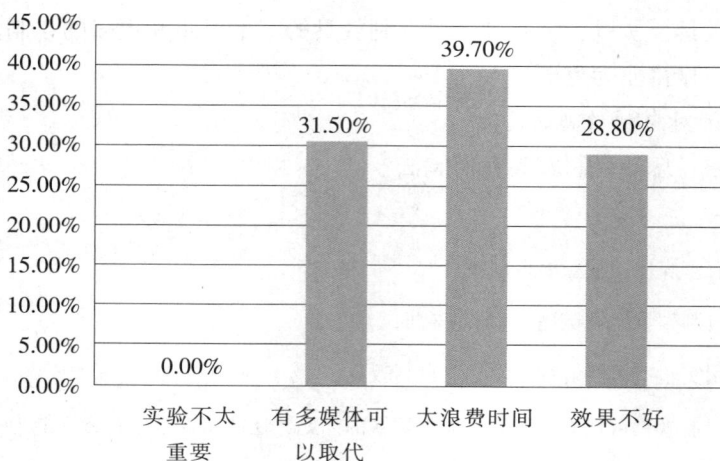

图 3 - 15　教师不自制教具的原因统计

图 3 - 15 中的数据显示，教师能够意识到实验的重要意义，但是依旧有很大一部分教师放弃自制教具的制作，具体原因如下：39.70% 的教师认为自制教具太浪费时间，这一原因也成了阻碍教师自制教具的重要因素之一；31.50% 的教师认为有多媒体可以取代，但也承认利用多媒体缺少学生参与的过程，而且多媒体课件展示远不如实验操作来得直观；还有 28.80% 的教师认为自制教具的效果不好。其实，自制教具的意义就是帮助学生突破重难点，更好地理解、掌握知识，激发学习兴趣。自制教具的制作过程不是一蹴而就的，是在实践的过程中反复改进，以实现更好的实验效果，不能因为害怕效果不好而不去做。

6. 教师自制教具的能力

第6题：您觉得自己能制作实验教具吗？

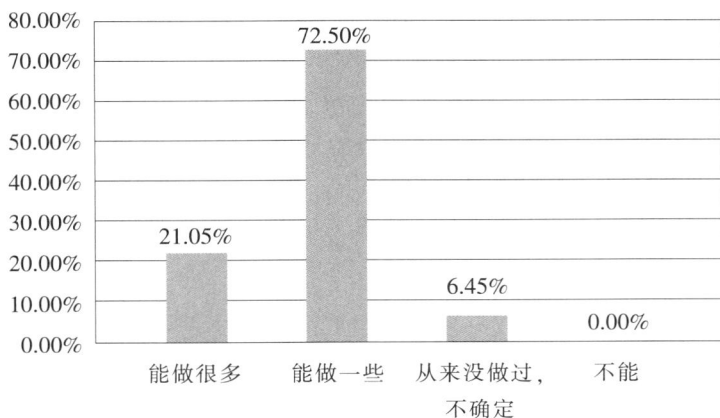

图 3 - 16 教师自制教具的能力统计

图 3 - 16 中的数据显示，关于能否自己制作实验教具，21.05% 的教师认为自己能够做很多，72.50% 的教师认为自己能做一些，也就是超过 93% 的教师有自制教具的能力，这也为以后大范围地开展自制教具提供了信心；仅有 6.45% 的教师从来没有做过，不确定自己是否具有自制实验教具的能力；没有教师直接否定自己。

7. 教师对自我劳动成果的分享欲

第 7 题：您愿意把自己制作的教具与本校的物理老师一起分享吗？

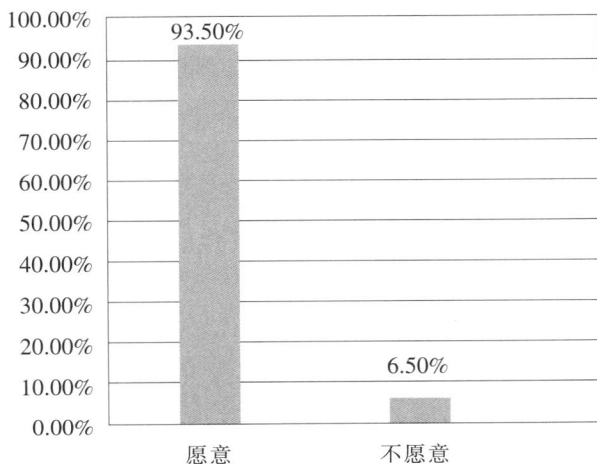

图 3 - 17 教师分享欲统计

图3—17中的数据显示，93.50%的教师愿意将自制的教具与本校的教师进行分享，这不仅有利于校内教师的团结，而且在思想相互碰撞的过程当中，容易产生更多的新思想，有助于实现教具的突破，从而更好地帮助学生。6.50%的教师不愿意与其他教师分享自身的劳动成果，这取决于教师个人，以及所处的环境。但通过交流可能实现自身成果的突破，希望教师们能够坦诚相待，互相交流，在相互帮助中逐渐提升自身制作实验教具的能力。

8. 自制教具对学生的意义

第8题：您认为自制教具教学对学生物理学习有帮助吗？

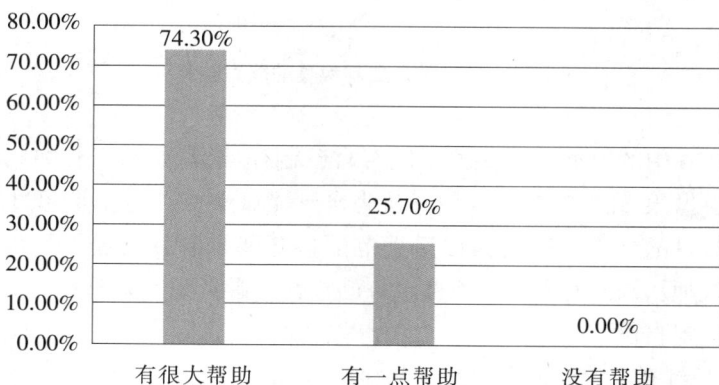

图3—18　自制教具对学生学习意义统计

图3—18中的数据显示，74.30%的教师认为自制教具在学生物理学习的过程中有很大的帮助，25.70%的教师认为自制教具对学生有一定的帮助。可见，所有教师都认可自制教具教学对学生物理学习的积极意义。

根据对教师的问卷调查可知：教师意识到了实验教学的重要性，并且认为实验教学可以有效促进学生的创新能力、动手能力、观察能力等的培养。大部分教师会利用已有的器材进行演示或学生实验，但是在实验器材缺少的情况下，大部分教师选择用多媒体模拟来代替课堂实验，课上使用自制教具的次数不多，制作自制教具的主要目的是参加各种优质课比赛。大部分教师都认为自己有能力制作教具，不自己制作教具的主要原因，一是有多媒体课件辅助教学；二是觉得自身制作教具能力较为薄弱，自制教具所需的时间较长，精力有限。但他们表示愿意与校内教师交流合作，将自身的劳动成果与大家分享，大家相互交流合作，以提升教具的制作效率和实验效果。

综上所述，根据对教师和学生课堂自制教具使用情况进行的调查分析可知，自制教具是学生喜欢物理课堂的重要因素之一，它对学生的学习及发展起到了重要作用，有效地激发了学生的学习积极性，对学生的观察能力、创新能力以及动手能力等的培养都起到了重要作用。学生对将自制教具应用于物理课堂意愿强烈，自制教具不仅提升了学生的学习兴趣，还有效地帮助学生加深对物理概念的理解，实现重点难点的突破。教师也清楚学生的强烈愿望，明白自制教具给学生带来的积极意义，但是在实际中，教师更多依赖于目前已有的实验器材，教师自制教具主要应用于各种比赛。日常教学中，由于时间、精力以及能力的限制，大多数教师选择通过多媒体课件等辅助教学的工具来代替实验教学，这与学生强烈的呼声相矛盾，既不利于学生学习兴趣的激发，也不利于教师自身能力的提升。教师加大对自制教具的研发与应用，不仅可以有效促进专业成长，而且可以丰富自身生活，还能够促进学生核心素养的养成和发展目标的实现，真正体现育人的核心价值。因此，应坚定不移地从生活实际出发，制作更多能够切实辅助教学、提升课堂教学效果的实验教具。

第四章　创新型物理演示实验教具的制作案例

第一节　电学创新类

一、动态电路电流方向演示仪

制作目的：

《义务教育物理课程标准（2022 年版）》提出："物理学是自然科学领域研究物质的基本结构、相互作用和运动规律的一门基础学科。物理学通过科学观察、实验探究、推理计算等形成系统的研究方法和理论体系。"电学是初中物理知识的重要一环，也是与生活紧密联系的知识，但学生只看到教室的灯是否亮，却不知道其中的线路连接；只知道使用电器，却不知道这些电器工作时相互有什么联系。串并联电路是电学的基础，初三的学生刚接触电学，从电荷深入到电流，对学生来说是很新鲜和抽象的。电流看不到摸不着，以往对于电流方向的讲解都是依靠书本、动图等将知识强制性灌输给学生，但学生并未理解——当灯泡亮时，电流的方向如何？灯泡被短接时，电流方向又如何？串并联电路的电流方向更是其中的重点，因此我们设计了这套"动态电路电流方向演示仪"，可演示简单电路、串联电路、并联电路、短接和短路等 5 种情况的电流方向，还可根据电源正负极改变电流方向。这套教具的制作过程非常复杂，涉及较多的程序，但演示现象非常明显，可让学生直观看到 5 种情况的电流方向，利于激发学生的学习兴趣，提升学生学习的内驱力。借助实验把物理现象的变化过程展示出来，指导学生进行观察、思考和分析，有助于学生思维过程的可视化，从而发展学生的思维能力。

教材分析：

现行人教版《物理》九年级第十五章第 2 节"电流和电路"，以及第 3 节

"串联和并联"是整个电学的基础，初中生思维发展的特殊性和复杂电路的多变性，以及电流方向的抽象性，使得动态多样的电路电流的方向成为本章教学的难点。第 2 节和第 3 节是建立在第 1 节两种电荷的基础上，学生经过学习，应知道电荷在金属导体中做定向移动，而灯泡能够持续发亮是由于不停地有电荷流过，从而得到电流的概念。通过第 1 节两种电荷的学习，学生已认识到电子会发生定向移动，但物理学家在刚研究时不清楚是哪种电荷在移动，因此把正电荷定向移动的方向规定为电流方向。这里涉及电荷的定向移动、电子的定向移动以及电流的方向。电流的方向与电子定向移动的方向是相反的，电子的移动和电流的方向都是抽象的，学生会陷入理解的困难，而对电流方向的理解涉及后面学习电流表、电压表以及更复杂的电路情况分析，因此在这两节新课的学习中，对电流方向的理解尤为重要。在《义务教育物理课程标准（2022年版)》的指导下，我们注重培养学生的物理核心素养，激发学生的学习积极性，促使其形成学习内驱力，本教具将教材中对电流方向的抽象解释形象化，对教学器材中的缺漏进行补充。

所需器材：

单片机 STC8H8K64U 开发板 1 块、限位开关 3 个、5mm LED 灯 50 个、21cm 母对母杜邦线 6 排、40cm 母对母杜邦线 2 排、2 挡 9 脚开关 3 个、18650 电池 1 节、1 号干电池 3 节、开关 3 个、灯泡 2 个、导线 2m、5mm 厚的白色亚克力板（60cm×45cm×10cm）等。

制作过程：

（1）设计如图 4-1 和图 4-2 所示电路原理图。根据教学内容设计 5 类电路 7 种情况：2 个简单电路、串联电路、并联电路、2 个用电器分别短接、电源短路，电路中开关的闭合情况不同，电路中小灯泡的发光情况、电流的路径也不同，用 50 个 LED 灯的通断形成电流走向（对应情况如下：①闭合 S_1，L_1亮；②闭合 S_2，L_2 亮；③闭合 S_1、S_2，L_1、L_2 并联，亮；④闭合 S_3，L_1、L_2串联，亮；⑤闭合 S_1、S_3，L_1 亮，L_2 短路；⑥闭合 S_2、S_3，L_2 亮，L_1 短路；⑦闭合 S_1、S_2、S_3，电源短路）。

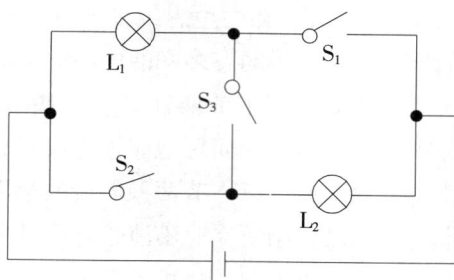

图4-1　电路原理图（1）

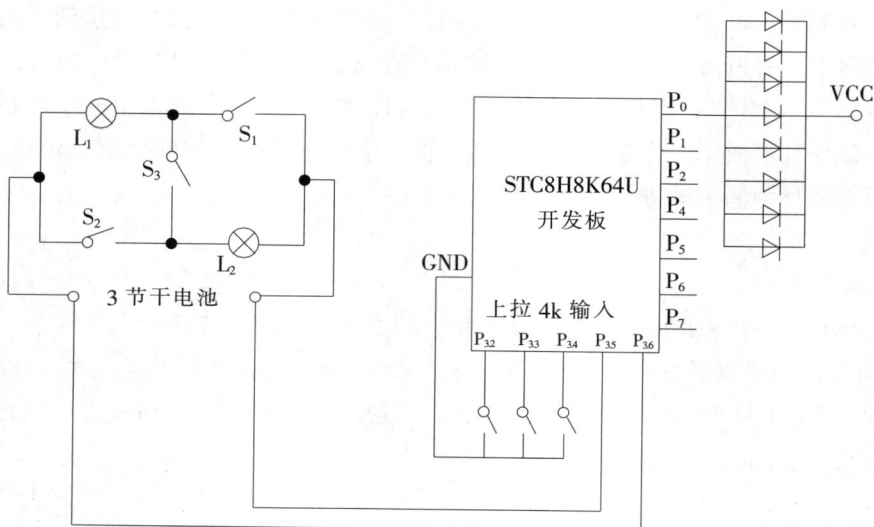

图4-2　电路原理图（2）

（2）确定硬件的位置。如图4-3所示，在定制的亚克力板上钻孔，留出3个开关、2个灯泡、50个LED灯的位置；再如图4-4所示，用热熔胶固定开关、灯泡、LED灯、导线和电池盒，单刀开关上固定一个限位开关。

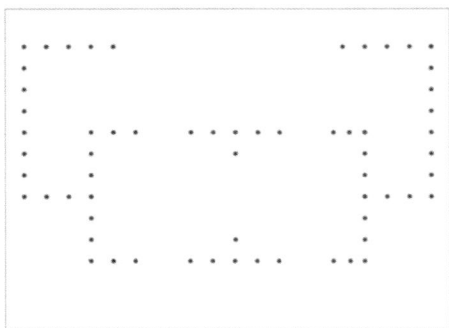

图 4 - 3 亚克力板打孔图

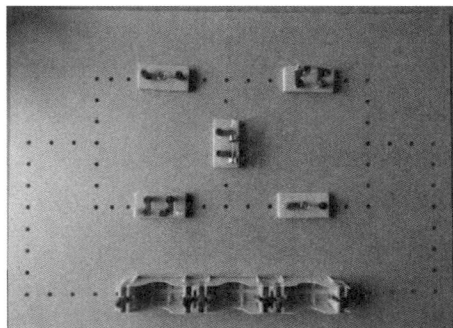

图 4 - 4 固定硬件位置

（3）STC8H8K64U 开发板接线。50 个 LED 灯的长引脚用杜邦线接到 STC8H8K64U 开发板的 VCC，短引脚用杜邦线接到 STC8H8K64U 开发板的 50 个引脚（7 个端口）；3 个限位开关的一端接入 STC8H8K64U 开发板的 3 个引脚，另一端接 GND，如图 4 - 5 和图 4 - 6 所示。

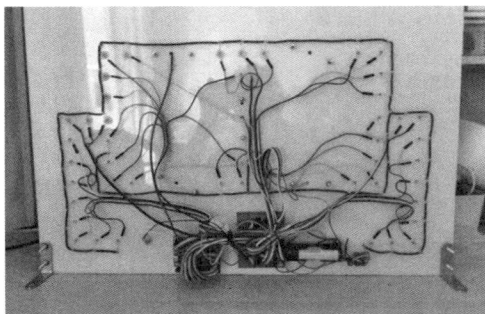

图 4 - 5 亚克力板背后接线图

图 4 - 6 接线后的 STC8H8K64U 开发板

（4）编写程序：利用匹配单片机的软件编写程序。单片机中每一个引脚控制一个 LED 灯。整个器材共需要 50 个 LED 灯，即需要 50 个引脚控制，每个灯的负极连接单片机的一个引脚，通过引脚控制 LED 灯，正极同接 VCC，如图 4 - 7 所示。首先设定灯的初始状态为不亮（高电平），转化为十六进制数，赋值为 0xff，通过低电平触发灯亮（如 P_4 端口初始值为 0xff，则 P_4 端口的 8 个引脚所接的 LED 灯处于"不亮"，当 $P_{4.1}$ 引脚赋值为 0，即 $P_{4.1}$ 引脚的灯处于"亮"，其他引脚处于"不亮"）。上述电路的 7 种情况，需要设计每一个灯对应引脚的高低电平。为了实时控制，当改变开关的通断时，LED 灯模拟的电流方向，需要加入 4 个计时器，分别是定时扫描开关，灯亮步长 35 步、38 步以及短路单独设计的 38 步。将不同的开关组合分别写出并赋值为 0～6，共 7 种情况。逻辑首先识别电源的正负极，$P_{3.5}$、$P_{3.6}$ 分别接入电池盒的两端，用于识别电源的正负极。在电路的每个开关下安装一个限位开关，如图 4-8 所示，限位开关由引脚 $P_{3.2}$、$P_{3.3}$、$P_{3.4}$ 控制，另一端接单片机的 GND 端。通过闭合电路开关连带闭合限位开关，如图 4-9 所示，程序识别限位开关的引脚闭合情况：只闭合 S_1（简单电路，对应 $P_{3.2}=0$，$P_{3.3}=1$，$P_{3.4}=1$），只闭合 S_2（简单电路，对应 $P_{3.2}=1$，$P_{3.3}=0$，$P_{3.4}=1$），只闭合 S_3（串联电路，对应 $P_{3.2}=1$，$P_{3.3}=1$，$P_{3.4}=0$），闭合 S_1、S_2（并联电路，对应 $P_{3.2}=0$，$P_{3.3}=0$，$P_{3.4}=1$），闭合 S_1、S_3（L_2 短路，对应 $P_{3.2}=0$，$P_{3.3}=1$，$P_{3.4}=0$），闭合 S_2、S_3（L_1 短路，对应 $P_{3.2}=1$，$P_{3.3}=0$，$P_{3.4}=0$），闭合 S_1、S_2、S_3（电源短路，对应 $P_{3.2}=0$，$P_{3.3}=0$，$P_{3.4}=0$），对应上述 7 种情况中的任意一种，启动程序，看到 LED 灯依次亮起，达到观察电流方向的目的。

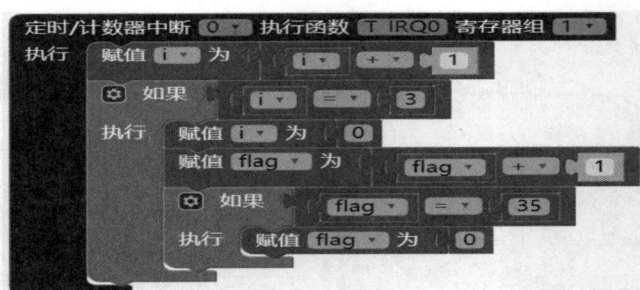

图 4-7　定时器程序图

图 4-8　开关 + 限位开关（断开）

图 4-9　开关闭合 + 限位开关同时触发

实验原理：

灯泡与电源、导线、开关等形成闭合回路，如图 4 - 10 所示，通过控制三个开关的通断，使两个灯泡的工作情况不同。利用三个开关，两个灯泡可以实现最基本的几种电路：简单电路、串联电路、并联电路，以及用电器短路和电源短路。LED 灯的通断是通过 STC8H8K64U 开发板进行控制的，不同的电路情况，对应不同的 LED 灯依次亮起，以此模拟电流的方向。限位开关放在三个单刀开关的旁边，当单刀开关闭合的同时，限位开关也触发，该限位开关所连接的引脚位置为低电平，程序识别后，对应的 LED 灯会依次亮起。在程序中加入定时器，定时器可实时识别三个开关的通断情况，从而执行不同情况下 LED 灯的发光顺序。

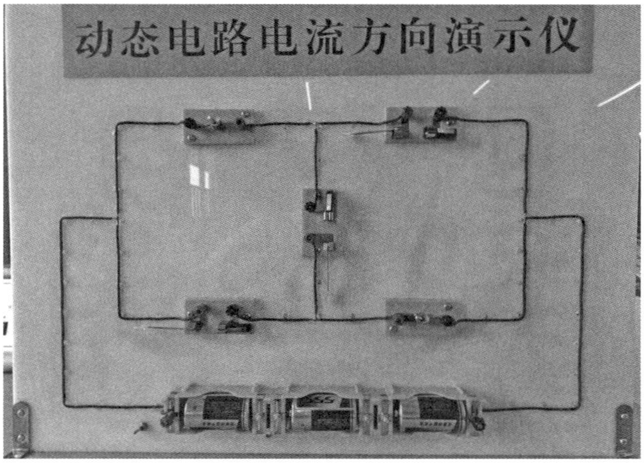

图 4 - 10　教具作品图

实践操作：

（1）如图 4 - 10 所示，断开 LED 灯工作的开关，此时控制灯泡的三个开关都处于断开状态，灯泡不亮，LED 灯也不亮。

（2）简单电路：闭合 S_1 或 S_2（同时触发对应的限位开关），L_1 或 L_2 亮，符合该电路电流路径的 LED 灯依次亮起（如图 4 - 11 和图 4 - 12 所示）。

（3）并联电路，闭合 S_1 和 S_2，L_1 和 L_2 并联，符合该电路电流路径的 LED 灯依次亮起（如图 4 - 13 所示）。

（4）串联电路：闭合 S_3，L_1 和 L_2 串联，符合该电路电流路径的 LED 灯依次亮起（如图4-14所示）。

（5）用电器短路：闭合 S_1 和 S_3（或闭合 S_2 和 S_3），L_1 亮，L_2 短路（或 L_1 短路，L_2 亮），此时电流应从电源正极出发，经过 L_1 和 S_1，不经过 L_2（或经过 L_2 和 S_2，不经过 L_1），回到电源负极，符合该电路电流路径的 LED 灯依次亮起（如图4-15和图4-16所示）。

（6）电源短路：闭合 S_1、S_2、S_3，此时灯泡不亮，电流从电源正极出发，直接经过三个开关回到负极，造成电源短路，符合该电路电流路径的 LED 灯依次亮起（如图4-17所示），并发生"双闪"提示此时的电路存在问题。

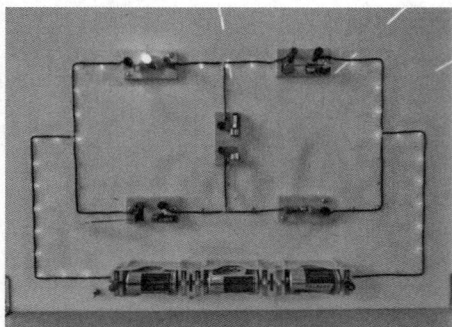

图4-11　简单电路：S_1 闭合，L_1 亮

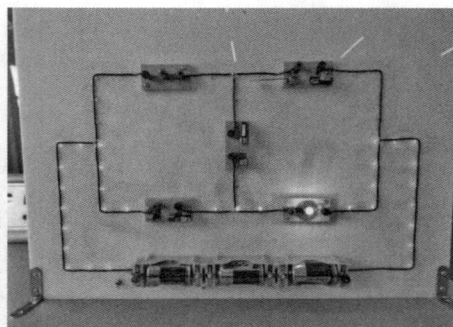

图4-12　简单电路：S_2 闭合，L_2 亮

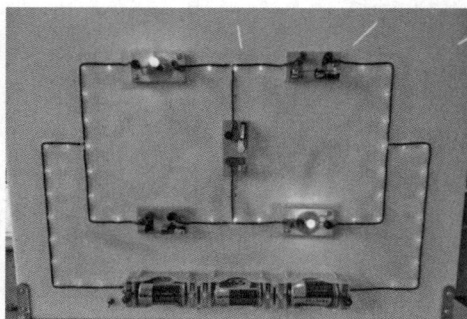

图4-13　并联电路：闭合 S_1、S_2，L_1、L_2 亮

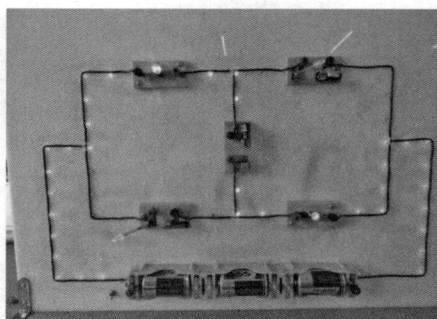

图4-14　串联电路：闭合 S_3，L_1、L_2 亮

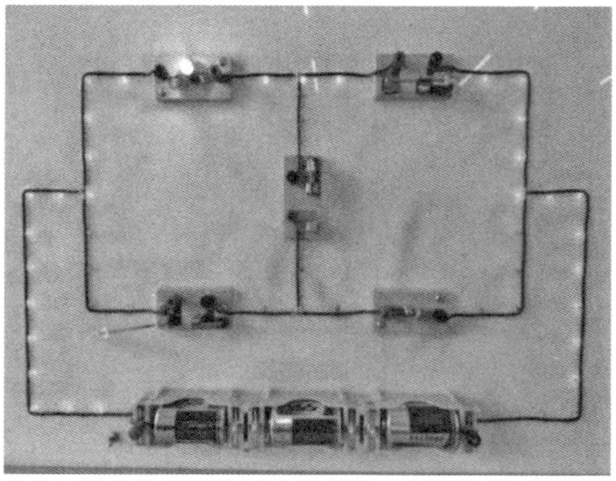

图 4 – 15　L_2 短路：闭合 S_1、S_3，L_1 亮，L_2 不亮

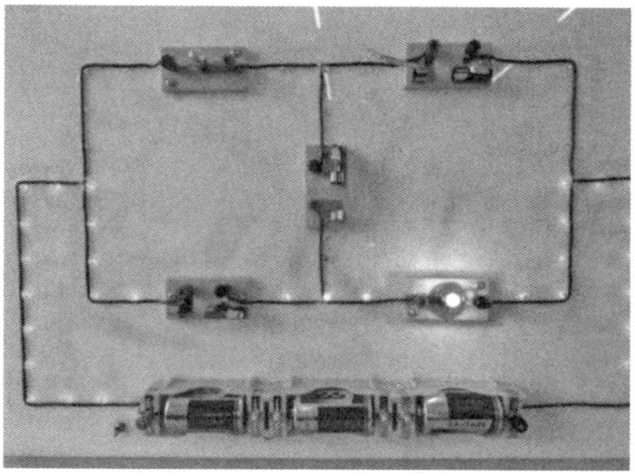

图 4 – 16　L_1 短路：闭合 S_2、S_3，L_2 亮，L_1 不亮

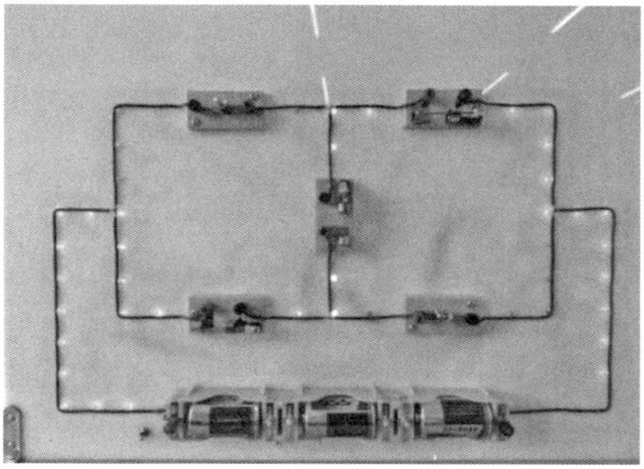

图 4 – 17　电源短路：闭合 S_1、S_2、S_3，灯都不亮

教具多功能应用：

（1）在学生学习完简单电路、串并联电路以及短路和断路的知识后，利用此教具将多个知识点汇总在一起，实现 5 种电路、7 种情况的电流方向模拟，将抽象的电流方向具体化和形象化，实用性强。

（2）电流方向是从电源正极出发，最后回到电源负极，该教具可以展示当电源正负极对调时，LED 灯模拟的电流方向也发生相应的改变，在讲解电流方向时的使用率非常高。

教具创新：

（1）利用 50 个 LED 灯模拟电流的走向，将抽象的电流方向形象化，改变传统针对电流方向的低效讲解等方式，把物理现象的变化过程展示出来，有助于学生思维过程的可视化。

（2）不仅可以演示简单电路、串并联电路、用电器短路和电源短路等情况，还能实时识别电路的变化，随时闭合或断开开关，LED 灯的亮度会随时发生变化，更贴近真实的电流方向变化。

（3）加入了识别电源正负极的程序，将电池盒的电池反向，对应的 LED 灯模拟电流方向也会相应发生变化。

（4）当连接电路发生电源短路时，LED 灯模拟电流方向后，会通过双闪的形式提醒学生此时的电路存在问题，让学生对电源短路的分析更深入。

（制作者：佛山市南海区桂城街道文翰中学陈铭仪、郭倩婷、曾美丽、胡巨铭）

二、酒精传感器动态电路演示仪

制作目的：

欧姆定律是电学的基本规律，在生产和生活实际中应用广泛。它的相关规律看似简单，但是基于九年级学生的认知特点，学生刚开始接触电学，所以欧姆定律对于学生而言是既简单又抽象，因此这部分内容是本节课教学的难点。以现行的人教版物理教材为例，对欧姆定律的应用教学体现在"科学世界"栏目介绍酒精浓度检测仪，目的是把欧姆定律的应用与技术和社会联系起来。但是仅靠教材中的文字描述，学生很难理解气敏电阻的工作过程，因此我们想利用自制教具酒精传感器动态电路演示仪来突破本节课的难点，进而改进与创新中学物理实验教具。这样一来，既有利于激发学生的学习兴趣，提升学生学习的内驱力，让学生主动去学、乐于去学，又能最大限度地发挥学生的自主性、能动性和创造性，让学生以主人翁的姿态，自觉自愿地参与到物理教学活动的各个环节中，成为物理现象和物理规律的探索者与发现者。

教材分析：

现行人教版《物理》九年级第十七章第 2 节"欧姆定律"中涉及的气敏电阻的考点非常广泛，而初中生思维发展阶段的特殊性和气敏电阻自身的复杂性，使得动态电路中电流表和电压表的变化让学生很难理解，成为教学的难点。欧姆定律的教学内容是建立在上一节"电流与电压和电阻的关系"的基础之上的，通过上一节课的实验，学生已经得出了电流与电压的定量关系、电流与电阻的定量关系。在本节课中，学生需要结合图像分析并进行数学推理，总结原有的定量关系，认识和理解欧姆定律。然而这对学生的逻辑思维能力要求较高，是本节课教学难点之一。理解欧姆定律的内容及其表达式，会利用欧姆定律来解决一些简单的电路问题、进行简单计算等，是本节课另一个教学难点。本节课以计算为主，内容枯燥无味，为了实现从知识导向到能力导向的转化，激发学生学习的兴趣，吸引学生的注意力，我们参考了"科学世界"的酒精浓度检测仪来制作酒精传感器动态电路演示仪。本套实验器材主要是演示当酒精气体浓度发生变化时，气敏电阻的大小会发生变化，从而改变灯泡的亮度以及电流表、电压表示数的大小。以往学生都只能根据书本上的文字来了解气敏电阻，比如在现实生活中见过酒驾，但对酒驾的原理缺乏实验的探究，为了真正让学生从物理走向生活，我们制作了这套酒精传感器动态电路演示仪。

所需器材：

如图 4-18 和图 4-19 所示酒精气体浓度传感器模块一个、4 路 5V 的继电器一个，如图 4-20 和图 4-21 所示单片机主板 Arduino uno 一个、HC-05 蓝牙串口数传模块一个、12V 电源、6 个不同阻值的定值电阻、4 个 LED 灯、蜂鸣器一个、电子屏幕一个、导线若干、电流表一个、电压表一个、额定电压 6V 额定功率 4.8W 的小灯泡一个、胶带一卷、盒子一个（宽 60cm，高 50cm，厚 30cm）。

图 4-18　内部零件：酒精气体浓度传感器模块

图 4-19　内部零件：4 路 5V 的继电器

图 4 - 20 内部零件：主板 Arduino uno

图 4 - 21 内部零件：HC - 05 蓝
牙串口数传模块

制作过程：

把酒精气体浓度传感器模块接入控制主板，控制主板中的 4 个引脚外接 4
个继电器。探头检测到酒精浓度后，酒精气体浓度传感器模块将酒精气体浓度
转化为电压输出（该模块在没有检测到酒精气体时，输出电压是 0.1 ~ 0.2V，
酒精气体浓度与输出电压的关系近似成正比，如图 4 - 22 所示），不同的输出
电压通过控制主板控制 4 个继电器的通断，4 个继电器相当于 4 个开关 S_1、
S_2、S_3、S_4。继电器外接不同阻值的电阻，继电器 S_1 与 20Ω 电阻串联，继电
器 S_2 与 15Ω 电阻串联，继电器 S_3 与 10Ω 电阻串联，继电器 S_4 与 5Ω 电阻串
联，共组成 4 条支路，并联后再与灯泡、电流表串联。控制主板除了 4 个引脚
外接 4 个继电器外，还有一个引脚外接灯带，一个引脚外接蜂鸣器，通过程序
控制灯带和蜂鸣器的工作，再用蓝牙连接手机显示屏，使显示屏上显示对应的
气体浓度值。

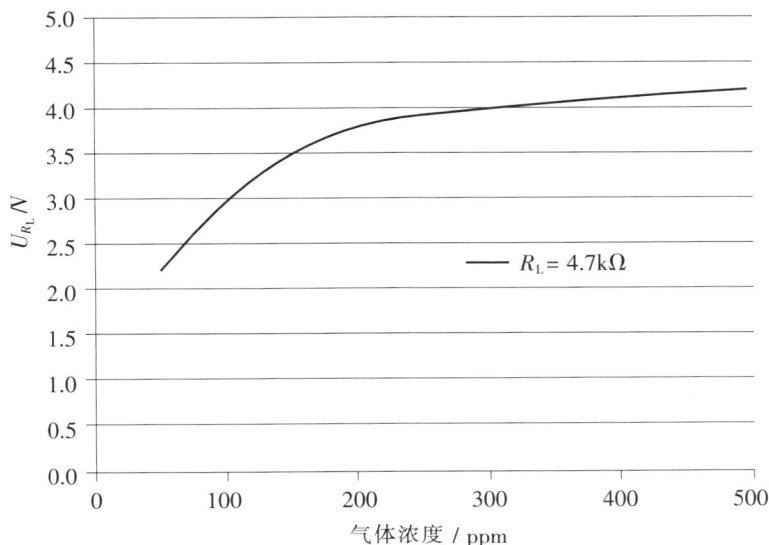

图 4 - 22　酒精气体浓度与输出电压的关系

实验原理：

　　直观演示在不同的酒精浓度下，灯泡的亮度及电压表、电流表的示数如何发生变化，以及通过单片机技术，模拟演示交警判断驾驶员酒驾使用的酒精测试仪原理，对酒精测试仪进行剖析。当没有酒精时，酒精传感器输出的电压低于 0.3V，通过主板执行以下程序：继电器 S_1 闭合（不同的继电器与不同大小的电阻串联，接入灯泡所在电路，从而改变灯泡的亮度、通过灯泡的电流以及灯泡两端的电压），LED 白灯亮（对应无酒精），显示屏显示此时酒精浓度为 0mg/100mL。当酒精浓度加大，酒精传感器输出电压升高，若输出电压值在 0.3 ~ 0.5V 之间，则通过主板执行程序：继电器 S_2 闭合，LED 绿灯亮（对应"低浓度"），显示屏显示此时酒精浓度大小。当传感器输出电压值在 1 ~ 2V 之间，则通过主板执行程序：继电器 S_3 闭合，LED 黄灯亮（对应"酒驾"），蜂鸣器响，显示屏显示此时酒精浓度大小。当传感器输出电压值大于 2V，则通过主板执行程序：继电器 S_4 闭合，LED 红灯亮（对应"醉驾"），蜂鸣器响，显示屏显示此时酒精浓度大小。

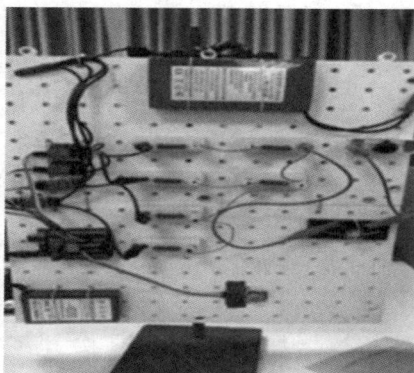

图4－23　第一代酒精传感器动态电路演示仪

图4－24　第二代酒精传感器动态电路演示仪

实践操作：

三代酒精传感器动态电路演示仪的实践操作如下：

第一代酒精传感器动态电路演示仪（如图4－23所示）能直观显示酒精浓度不同时，灯泡的亮度不同，但教具整体比较小，不利于学生观察现象。由于涉及单片机和继电器，超出了学生的知识范围，应将这些电路板放在教具后面，将学生需要观察的现象放大、集中，因此我们进行了教具的改进，制作了第二代酒精传感器动态电路演示仪。

第二代酒精传感器动态电路演示仪（如图4－24所示）更为简洁直观，并在教具上安装了电流表和电压表，但与交警查酒驾、醉驾的实际情景仍有一些差距，如：没有显示酒精浓度，达到酒驾、醉驾未显示黄灯、红灯亮等。针对上述问题，我们对教具进行了第二次改装。

第三代酒精传感器动态电路演示仪如图4－25和图4－26所示。

1. 操作说明、现象

（1）将本教具放置在水平桌面上，将电压表、电流表调零，打开12V电源开关，预热30s。

（2）灯泡处于亮度很暗的状态，观察并记录电流表、电压表的示数，LED白灯亮，对应"无酒精"。用棉签蘸少量酒精，靠近传感器，观察灯泡亮度是否发生变化，以及电流表、电压表的示数变化，此时电子屏幕显示的酒精浓度为0mg/100mL。

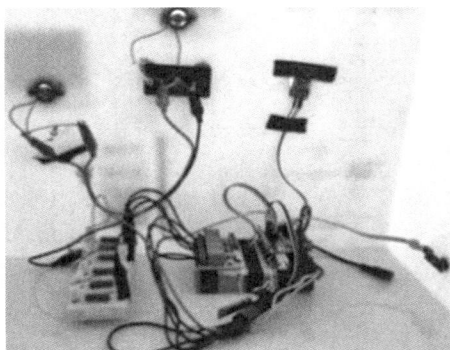

图 4 - 25　第三代酒精传感器动态
电路演示仪内部结构

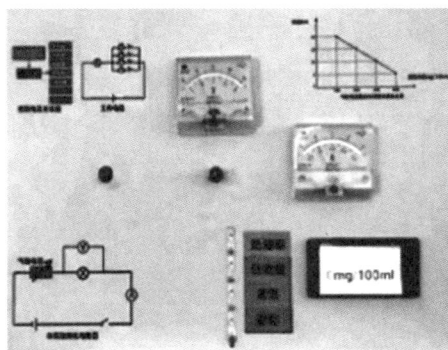

图 4 - 26　第三代酒精传感器动态
电路演示仪外部结构

（3）用棉签蘸较少量酒精后靠近传感器，此时灯泡变亮，电流表和电压表的示数也变大，LED 绿灯亮，对应"低浓度"，电子屏幕显示的酒精浓度比之前高，但此时酒精气体浓度仍然较低，蜂鸣器不响，表示酒精气体浓度仍在安全范围。若蘸的酒精较多（现实生活中当测出驾驶员血液中酒精含量超过一定量时），灯泡变更亮，电流表和电压表的示数更大，电子屏幕显示的酒精浓度较高，则 LED 黄灯亮，对应"酒驾"，蜂鸣器响起，则表示此时酒精浓度达到酒驾范围。

（4）用蘸满酒精的棉签靠近传感器（现实生活中当测出驾驶员血液中酒精含量超过一定量时），灯泡亮度和两电表的示数再次发生明显变化，此时酒精浓度达到一定标准，LED 红灯亮，对应"醉驾"，同时蜂鸣器响度增大，从电子屏幕上能看到酒精浓度更高。

2. 原理

如图 4 - 27 所示，在酒精气体传感器上喷洒不同浓度的酒精，传感器输出的电压有所不同，酒精浓度越高，输出电压越大。利用单片机技术，通过控制主板控制相应的继电器工作，观察 LED 灯是否亮、蜂鸣器是否响、显示屏显示的酒精浓度大小等。继电器与不同的电阻连接，控制电路中的电流大小，从而改变灯泡的亮度及灯泡两端的电压，如图 4 - 28 所示。因此，当酒精浓度越高，灯泡越亮，不同颜色的 LED 灯亮，提示不同的酒精浓度，蜂鸣器响起则提示该酒精浓度属于酒驾或醉驾。

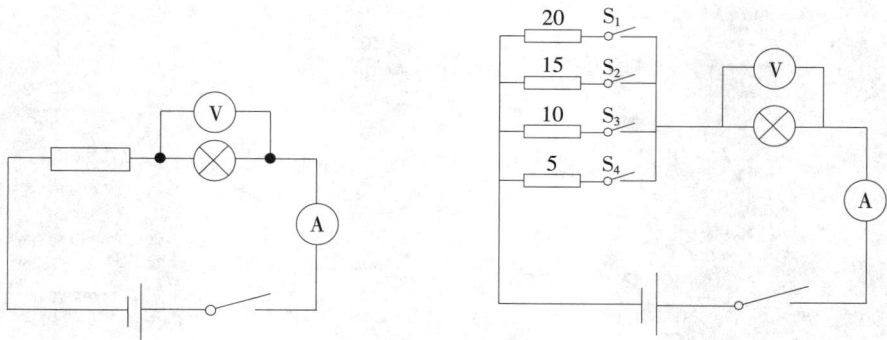

图4-27　电路原理图

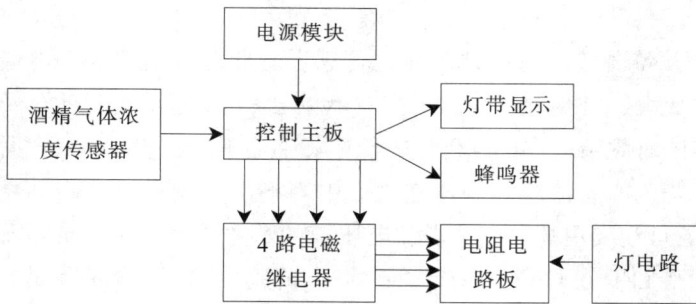

图4-28　电路结构示意图

教具多功能应用：

（1）在电压表、电流表和灯泡等物理器材上，加入显示屏、蜂鸣器、LED灯，真实模拟交警对驾驶员进行酒精测试的效果，在物理应用于生活的教学拓展下，直观展示交警检测酒驾、醉驾使用的酒精浓度检测仪的原理。

（2）教学用途：直观展现欧姆定律的应用、酒精传感器中气敏电阻的阻值与酒精气体浓度的变化，从而引起电路中电流和电压的变化。在演示仪上加入原理图，教学过程中可帮助学生理解。

教具创新：

（1）直观性。在应用欧姆定律的基础上创新性地融入了现实生活中交警查酒驾、醉驾的情景，交警是怎么判断驾驶员酒驾和醉驾的呢？本套演示仪可直观地演示给学生。

（2）多样性。利用灯泡亮度变化，电流表、电压表示数变化，以及不同颜色的 LED 灯，蜂鸣器声音大小，电子屏幕显示酒精浓度等方式多样地呈现酒精浓度的变化。

（3）演示仪上元件位置更加合理，色彩丰富，便于直观观察。

（制作者：佛山市南海区桂城街道文翰中学陈铭仪、胡巨铭，佛山市南海区南海实验中学黄东梅 此作品获广东省优秀自制教具比赛二等奖）

三、温度传感器焦耳定律演示仪

制作目的：

焦耳定律实验在初中物理中有着较为重要的地位，也是广东中考的一个常考点，如 2020 年省卷第 12 题、2021 年省卷第 13 题都考查了焦耳定律实验。另外，理解好焦耳定律实验，对于培养学生的科学素养及实验能力也有很大的帮助。焦耳定律实验的设计最核心的是要解决如何比较电热量 Q 的问题。电热量 Q 难以直接进行比较，因此需要用转换法，将其转换为其他直观且易于观察的量来进行比较。关于具体转换为什么量来进行比较，不同版本的教材有所不同，同时也有很多改进的实验装置从这方面入手进行新设计。下面笔者介绍传统实验装置及近年一些较好的改进实验装置，并针对现有装置的不足，作进一步改良。此改进装置的制作，不仅可以帮助学生理解所学知识，也可以让学生对电学的世界更加好奇，从而挖掘其学习动力。

教材分析：

教材传统实验装置如图 4 – 29、图 4 – 30 所示。

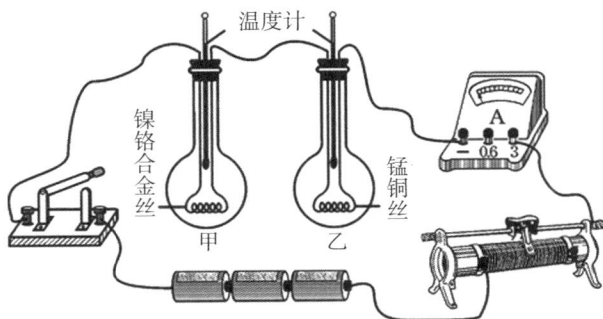

图 4 – 29 2003 年版教材实验装置

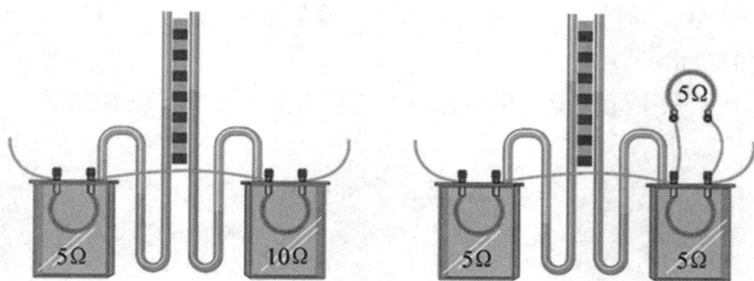

图4-30　2013年版教材实验装置

可以看到，2003年版教材的实验装置将电阻通电后发热从而加热煤油，使其热胀冷缩，通过比较玻璃管中煤油液面上升的高度来比较电热量 Q；在2013年版教材中，通电后电阻发热，使密闭容器中的空气热胀冷缩，进而使 U 形管两端液面出现高度差，从而通过比较该高度差来比较电热量 Q。

这两个传统的实验装置的不足之处在于：一是对装置的密闭性要求较高；二是演示实验的可视性较差，后排座位的学生可能无法看清有无变化；三是实验准备耗时较长。

针对这些不足，不少一线教师进行了很多很好的改进。下面介绍一些较好的改进设计。

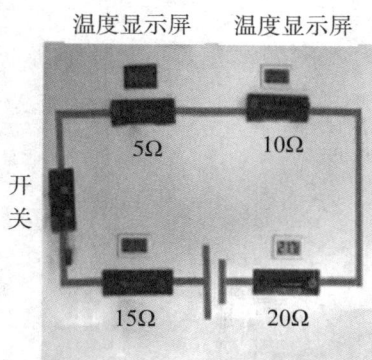

图4-31　近年改进实验装置图（1）

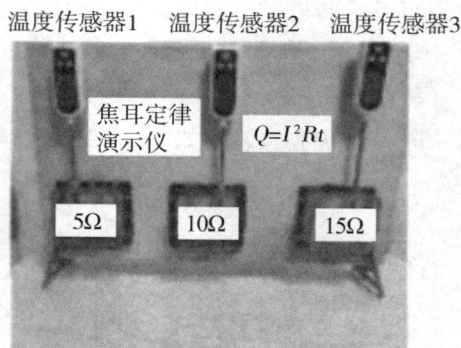

图4-32　近年改进实验装置图（2）

如图4-31和图4-32所示，这两个改进实验原理类似，都用到了数显式温度计，并将温度计与电阻丝接触，便可以实时显示电阻丝的温度变化，定时读取温度值，并用表格记录，最后用 Excel 软件处理成图像。

这两个改进实验创新性较强，且可以通过图像半定量地探究出电热量 Q 与电流 I 及电阻 R 的关系。不足之处在于实验后需要手动将数据输入 Excel 表格再进行处理，不能实现动态实时显示温度的变化图像，过程也较烦琐。为克服以上问题，我们作了进一步改良。

所需器材：
焦耳定律演示器、USB 温度传感器的探头两个、电脑、电子屏幕、导线若干。

制作过程：
本改进装置如图 4 - 33 所示。

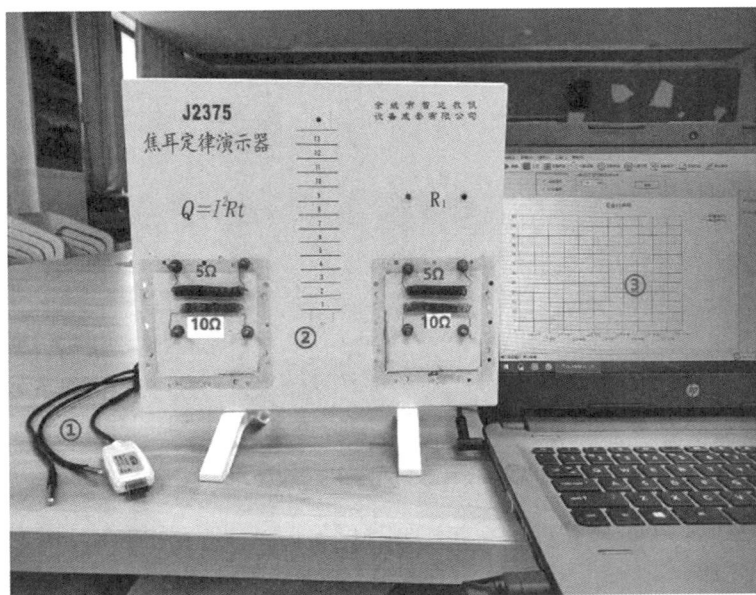

图 4 - 33　进一步改良后的实验装置图

可以看到本装置主要由三个部分组成：
（1）主板一端为双探头温度传感器，用于实时测量电阻的温度；另一端则插入电脑的 USB 接口中，将探测到的温度实时传输到电脑中。
（2）电阻板，共用到 4 个电阻丝，每个电阻的阻值如图 4 - 33 所示。
（3）温度显示软件界面，用于实时动态连续地显示电阻温度的变化。

实验原理：

由焦耳定律 $Q = I^2Rt$ 可知，通电时间 t 一定时，电热量 Q 与电流 I 和电阻 R 有关。实验共分为两个小实验，一是探究当电流 I 和通电时间 t 一定时，电热量 Q 与电阻 R 的关系；二是探究当电阻 R 和通电时间 t 一定时，电热量 Q 与电流 I 的关系。

本改进装置通过比较电阻的温度来反映电热量的多少，即将 USB 温度传感器的探头直接与电阻接触，并把测得的温度数据传入电脑软件实时处理为图像，实现实时动态地比较电热量 Q。

实践操作：

实验一：探究当电流 I 和通电时间 t 一定时，电热量 Q 与电阻 R 的关系

第一步，固定探头。探头 1 测量的是 5Ω 的电阻温度的变化情况，探头 2 测量的是 10Ω 的电阻温度的变化情况，如图 4 – 34 所示。

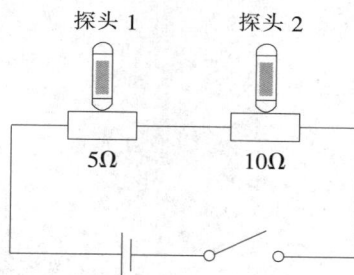

图 4 – 34　探究 Q 与 R 关系电路图

第二步，将 5Ω 和 10Ω 的电阻串联。闭合开关，点击开始测量，结果如图 4 –35 所示。$R_甲$ 曲线代表探头 1 温度的变化情况，也就是 5Ω 的电阻温度变化情况。$R_乙$ 曲线代表探头 2 温度的变化情况，也就是 10Ω 的电阻温度变化情况。

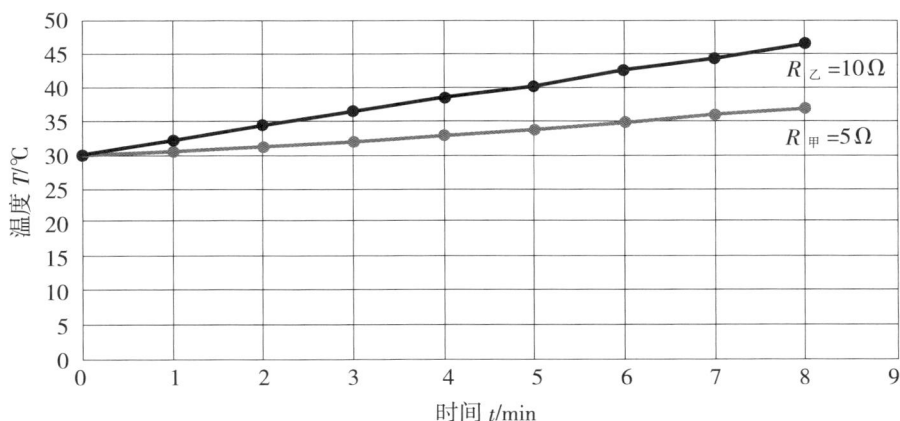

图 4 - 35　探究 Q 与 R 关系实验结果图

可以看到，二者的温度相差越来越大。初步证明，当电流 I 和通电时间 t 一定时，电阻 R 越大，产生的电热量 Q 越多。

实验二：探究当电阻 R 和通电时间 t 一定时，电热量 Q 与电流 I 的关系

第一步，固定探头，探头 1 测量的是干路中 5Ω 的电阻温度的变化情况，探头 2 测量的是支路中 5Ω 的电阻温度的变化情况。如图 4 - 36 所示。

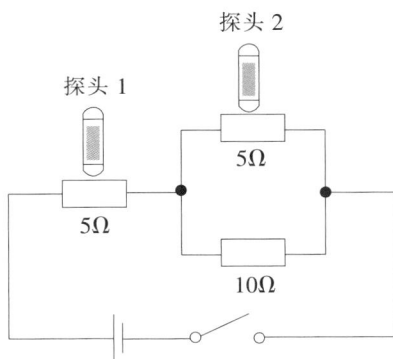

图 4 - 36　探究 Q 与 I 关系电路图

第二步，将 5Ω 的电阻和 10Ω 的电阻并联，再与 5Ω 的电阻串联，闭合开关，开始测量数据。干路的 5Ω 曲线代表的是探头 1，也就是干路中 5Ω 的电阻温度的变化情况，支路的 5Ω 曲线代表的是探头 2，也就是支路中 5Ω 的电阻温度的变化情况，如图 4 - 37 所示。

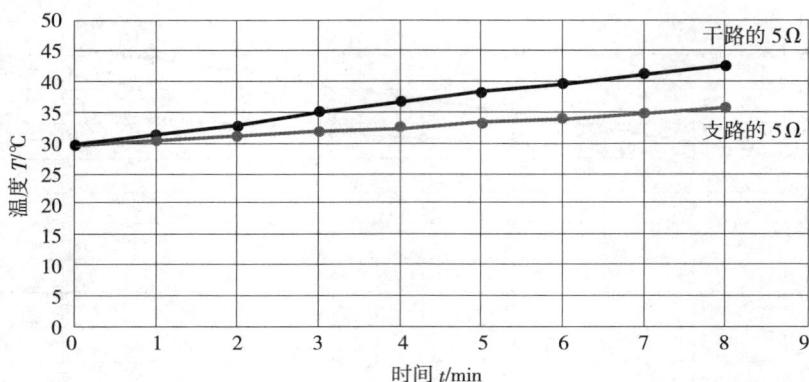

图4-37　探究 Q 与 I 关系实验结果图

可以发现，二者的温度相差越来越大。初步证明，当电阻 R 和通电时间 t 一定时，电流 I 越大，产生的电热量 Q 越多。

教具多功能应用：

装置的其他应用：多挡电路判别式的实际应用

实验三：以两电阻的串联、并联为例，探究多挡电路判别式的实际应用

多挡电路是中考计算题的一个重要考点，通常通过式子 $P = \dfrac{U^2}{R}$ 判断，大多数学生只是死记硬背，并没有形成直观的印象。教师也因为缺少适合的教具而无法给学生演示，只是停留在口头的讲解，教学效果不佳。该改进装置也可用于多挡电路判别式的演示。

第一步：固定探头。探头1测量的是 5Ω 的电阻和 10Ω 的电阻串联时总的温度变化情况，探头2测量的是 5Ω 的电阻和 10Ω 的电阻并联时总的温度变化情况，如图4-38所示。

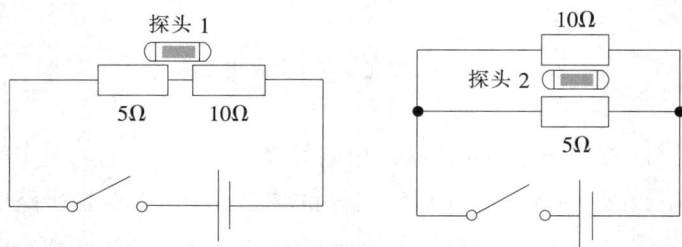

图4-38　多挡电路判别式的实际应用电路图

第二步：将5Ω的电阻和10Ω的电阻串联，将另一边5Ω的电阻和10Ω的电阻并联，并接在同一电源上。闭合开关，开始测量。

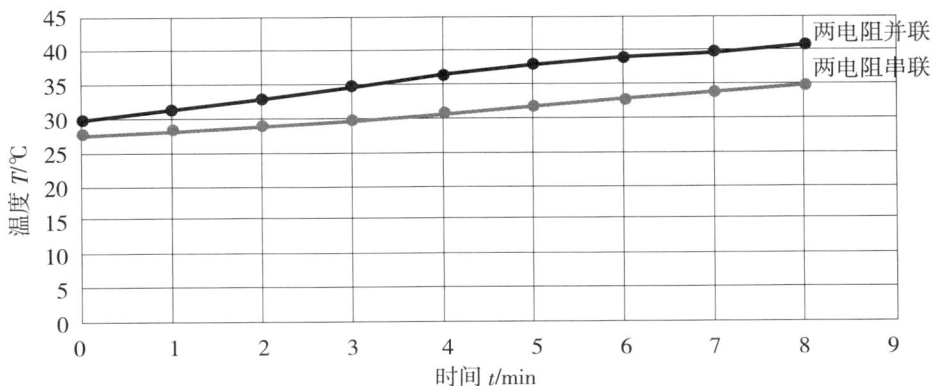

图4-39 多挡电路判别式的实际应用结果图

图4-39中，两电阻串联代表的是探头1，也就是两电阻串联时温度的变化情况；两电阻并联代表的是探头2，也就是两电阻并联时温度的变化情况。

可以看到，二者的温度差越来越大。由此证明：当电压 U 一定时，相同两电阻并联时的总功率大于串联时的总功率。

教具创新：

（1）用温度传感器替代了 U 形管，可实时连续地观察温度的变化。①对实验环境几乎没有要求；②使用时仅需简单固定传感器即可，操作十分方便；③仅需数秒便可看到明显的实验现象。

（2）在原实验装置的基础上，以两个电阻的组合为例，新增了多挡电路的演示实验，对于突破教学重点很有帮助。

（3）成本不高，且制作难度低，易于快速批量制作。

（4）演示效果好，可视度高，后排学生通过电脑投影屏幕可以清晰地看到。

教具后续展望：

使用情况：笔者将该改进装置应用到实际课堂中，取得了较好的教学效果，学生表现出了很大的热情，下课后还纷纷到讲台亲自尝试一番。同事们对其也有不错的评价，纷纷借用该改进装置用于课堂教学。

后期完善展望：目前该改进装置仍然存在一些不足，一是外观较为简陋，还可以进一步完善；二是温度传感器的固定不是很牢固，如何确保传感器和电阻丝紧密接触，从而更准确地测量实验结果，是一个需要思考的问题。

（制作者：佛山市黄东梅名师工作室团队）

四、可视化滑动变阻器演示仪

制作目的：

滑动变阻器是物理教学中常用的仪器，在初中电学演示及分组实验中经常当作限流电阻使用，滑动变阻器的原理以及接线方法是教学中的重点之一。由于变阻器是一个较为复杂的器件，不仅接线柱多，还由于在使用过程中变阻器的动态变化导致电流、电压也跟着发生变化，所以理解和使用变阻器对学生来说是一个难点。但在滑动变阻器的教学过程中，教材以及实验只对其使用进行了简单的图片介绍，教师也只是让学生观察滑动变阻器的结构示意图和对实物进行简单了解，几乎没有对滑动变阻器的原理进行形象具体的讲解，并且现有的教具中又没有关于滑动变阻器原理演示的器材，学生理解上存在困难，课堂教学效率低。课标建议教师在本节课的设计中让学生尽量处于思考—体会—总结—明确的循环中，这样有利于学生在循序渐进的过程中加深对本节知识的理解。为了让学生更直观地接受并理解滑动变阻器的原理以及接线方法，隋文泉老师将早年产品 J2354 – 2 型滑线变阻器改装成可视化极高的可视化滑动变阻器演示仪。

教材分析：

变阻器是人教版《物理》九年级第十六章第 4 节的教学内容，安排在电流、电压、电阻之后学习。电流、电压和电阻三个物理量之间不是孤立的，本节课直观体现电阻的改变影响着电路中的电流，为深入探究电流与电压、电阻的关系作思维的过渡。同时，变阻器是电阻知识的延伸和实际应用，它是电学中最常用的重要电路元件，是本章的教学重点。学习变阻器有助于学生更好地理解电阻的概念，又为以后学习电学实验做了必要的准备，在初中电学的学习过程中起承上启下的作用。教材中从小实验引入变阻器，并介绍常见变阻器的结构，重点安排实验探究滑动变阻器的构造、原理、正确使用方法等。通过滑动变阻器的学习，培养学生创新能力，提高把知识转化成技术的意识，在实验过程中培养严谨求实的科学态度。变阻器是初中物理电学实验器材的重要组成部分，变阻器的学习直接影响到后面"影响电流大小的因素""伏安法测电阻"和"伏安法测量电功率"的学习。

所需器材：

滑动变阻器 1 个（去掉电阻丝）、LED 灯 10 个、直径 1.4mm 的漆包线若干、瓷桶 1 个（直径 62mm，长 295mm）、木棍 2 根、玻璃胶、铝铆钉 6 个、4mm 半圆头螺钉 6 个、有机玻璃板一块（宽 15mm，长 330mm，厚 4mm）。

制作过程：

（1）找一个滑动变阻器，把电阻丝拆下，用直径为 1.4mm 的漆包线在瓷桶上密绕 200 圈，每绕 25 圈做一接头（接头绞结处保持绝缘），其他部分保留下来，在瓷桶上用玻璃胶固定两根木棍，在木棍上依次连接 10 个 LED 灯，让滑片跟接触点接通，使之能随意改变 LED 灯亮的数目。

（2）取宽 15mm、长 330mm、厚 4mm 的有机玻璃板（或透明塑料板）一块，在接头对应处钻直径 15mm 小孔 10 个，将剪去固定片的 LED 灯座用铝铆钉穿过灯座中心，铝铆钉要接在有机玻璃板上（注意防止灯座内部因接触而短路），并在变阻器两端底座的侧面各钻一孔，用 4mm 半圆头螺钉将有机玻璃板固定在底座上。

（3）将接头与灯座焊片焊接。

（4）在滑动片与线两侧接触处刮去绝缘漆，保证滑动触头与线圈良好接触。

（5）在两端灯座上安装 10 个 3V LED 灯。

实验原理：

如图 4－40 所示，通过观察闪烁的 LED 灯，能直接观察到滑动变阻器接入电路中电阻线的长度与滑片位置的关系。学生能在滑动变阻器演示仪中看到确实存在的电流以及电流的走向。

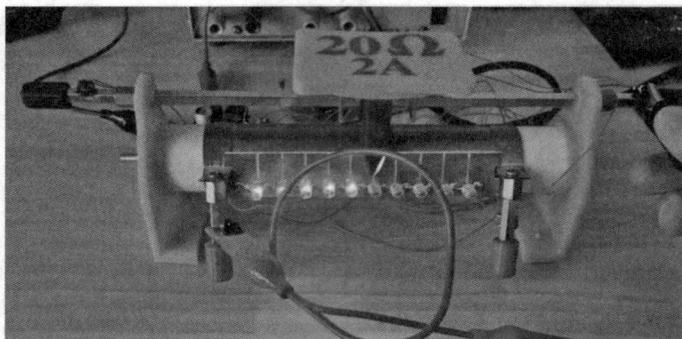

图4-40　可视化滑动变阻器演示仪

实践操作：

（1）闭合电键，拨动滑动触头，凡发光的LED灯所对应的电阻丝段即有电流通过。

（2）滑动触头向左移时，可见因电路中电阻减小电流表读数增大，发光的LED灯数目减少，光的强度增大。

（3）滑动触头向右移时，可见因电路中电阻增大电流表读数减小，发光的LED灯数目增多，光的强度减弱。

（4）改变滑动变阻器的接线方法，可以从LED灯发光的情况看出电流流经的路径改变；也可看出滑动触头左右移动时，电路中电阻的变动情况不同。

作为演示滑动变阻器原理的教具，本自制教具是用于突破滑动变阻器接法这一教学难点的实验装置，通过观察滑动变阻器上一串发光二极管的亮灭，学生可以直观看到在不同的接线方式下，随着滑片移动，滑动变阻器接入电阻的变化情况。学生通过观察发光二极管的亮灭了解变阻器的工作原理后再动手实验，便于学习滑动变阻器的正确连接方法并能够快速掌握，学习起来简单易懂，课堂教学效率明显提高，而且教具轻巧，演示方便。笔者制作了几个演示器同时进行实验演示，效果非常好。

教具创新：

（1）本教具能很好地补充中学物理教学中"滑动变阻器的使用"这节课的实验器材，可以使教师在课堂上配合滑动变阻器进行讲解分析，非常形象生动。

（2）演示时学生除了可以从电流表上读出电流数值的变化，还可以从LED灯光强弱的变化直接观察出电流的变化。随着滑动触头的滑动，可以看出凡发光的 LED 灯对应的电阻即被串联在电路中，而不发光的 LED 灯对应的电阻没被串接在电路中。这样更便于学生认清电流在变阻器中的通路，且多感官刺激更能加深学生的印象。随着接线方法的改变，可直观地看出电流通路的变化。

（3）在使用滑动变阻器时电流通过哪一部分的电阻线这一问题，学生理解起来非常困难，而常规实验器材又没有进行演示，只能由教师进行简单的图片演示。本教具通过 LED 灯亮的盏数表示电流通过的电阻线，直接解决这个难题。

本教具在滑动变阻器的基础上进行改造，完全没有破坏滑动变阻器的结构，能完全演示滑动变阻器的各种接法，根据滑片的移动，自动改变小灯泡亮灭，教具轻巧，携带方便，学生更容易理解，节省了教师课堂教学时间，提高了教学效率。用简易的自制教具进行有效的课堂教学，学生可以体会到学习至真至纯的乐趣，感受到科学至高至美的魅力。

（制作者：佛山市南海区桂城街道平洲二中隋文泉）

第二节　光和热学创新类

一、可视化光的反射演示仪

制作目的：

光的反射规律在实际中应用广泛，并且在教材中是通过实验探究得出的，这也是学生在物理课堂中碰到的第一个探究角度关系的实验，是培养学生良好的学习习惯、实验方法的契机。原教材实验是用激光笔配合平面镜，实验效果较差，由于法线是不存在的，所以很难直观确定入射角和反射角所在的位置和角度的大小，实验的可视性痕迹差，如图 4-41 所示。该演示仪的制作是为了让学生能直接观察到反射角和入射角的大小，体现光路可逆和三线合一的实验效果，使学生能直观明了地得出结论。该教具设有一个可转动的圆盘固定在支架上，这个可转动的圆盘最大的优势是可以前后左右转动，将激光笔和玻璃棒固定在圆盘上，并用黑胶布把玻璃棒分段来模拟法线，巧妙地解决了根本不存在的法线问题。激光笔和玻璃棒随着转盘转动不同角度，可满足我们直接读取反射角和入射角的实验需求，理解了三线共面、反射光线和入射光线分居法线两侧问题，探究反射角与入射角的相等关系及光路可逆性的问题就迎刃而解。通过这个实验能快速准确读取数据，得出实验结论并验证猜想。这个实验教具还有一个优势是可以立体地观察光的入射光线和反射光线，无论坐在哪个位置的学生都能在不同的角度清晰观察到三线，克服了部分学生因为座位问题而看不清楚实验现象的难题。

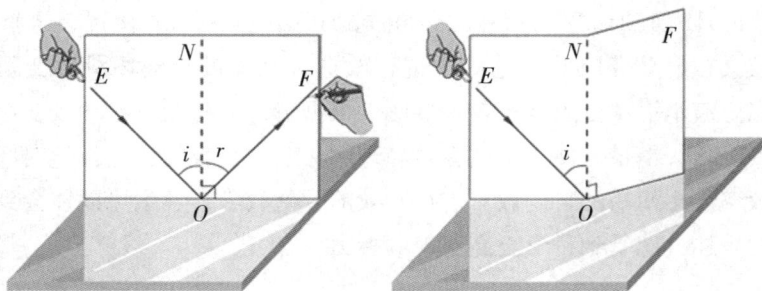

图 4 - 41　传统实验中光的反射演示仪

教材分析：

人教版《物理》八年级上册第四章第 2 节 "光的反射" 是本章的教学重点，主要探究光的反射规律。教材以光的反射实验探究为主，以 "引入—实验探究—镜面反射和漫反射" 的思路对光的反射定律进行剖析和拓展。光的反射属于光学知识中很重要的一部分，也是生活中常见的现象。光的反射定律是光传播的基本规律之一，是光沿直线传播的延伸，也是认识平面镜成像原理和进一步学习其他光学知识的基础，具有重要的知识价值。光的反射定律在实际生活中应用广泛，是解释大量日常现象和解决有关技术问题的基础，具有很高的应用价值。光的反射规律是通过实验探究得出的，学生在探究过程中能培养学习物理的兴趣，提高观察能力、实验能力和分析归纳的能力，同时也为学习光的折射奠定了基础，为高中的进一步学习做准备。

所需器材：

不锈钢支架、可旋转的转盘、红光和蓝光的激光笔、平面镜、可拆卸的带刻度的半圆盘、荧光棒、黑胶带、螺丝。

制作过程：

经过反复的研究及实践，对原有实验器材进行整合、改进，改进后的实验器材如图 4 - 42 和图 4 - 43 所示。

图 4 - 42　实验器材（1）

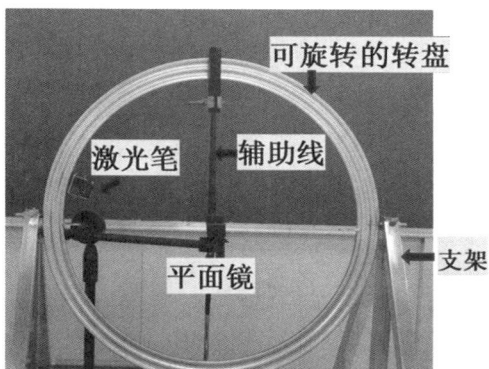

图 4 - 43　实验器材（2）

（1）将激光笔固定在可旋转的大转盘上，激光可随着转盘 360°绕圆心旋转，可满足入射光线变化形成不同的入射角。除此之外，激光笔固定在转盘上，不需要用手拿着，光线更加稳定，易于观察。

（2）平面镜放置在可旋转、可升降的支架上，可根据实验的实际需求移动平面镜的位置，探究多种光的反射现象。

（3）增加了一条辅助线（法线）。法线并不是真实存在的光线，在传统实验过程中，学生看不到法线所在的位置，通常是通过作图的方式来确定法线。改进实验器材后，引入一条发光的虚线，在实验过程中置于法线所在的位置，使学生更直观地观察到实验现象。

（4）带刻度的半圆盘是可拆卸的，可以用来探究"两角相等"和"三线共面"。

（5）改进后的实验器材可全方位观察，学生可以从各个角度观察实验现象，也可以旋转实验器材来观察反射光线、入射光线、法线的重合情况，以此证明"三线共面"的猜想。

实验原理：

教具的制作是利用激光笔发出的蓝光在传播过程中遇到玻璃以及其他许多物体的表面都会发生反射的原理，以及光在两种物质分界面上改变传播方向又会返回原来物质中的现象。激光可随着转盘 360°绕圆心旋转，满足入射光线变化形成不同的入射角并方便探究，得出反射光线与入射光线、法线在同一平面上，反射光线和入射光线分居法线两侧，反射角等于入射角。再利用蓝光激光笔和红光激光笔来探究光的可逆性，由激光笔的光线变化得出，光的反射现象中，光路是可逆的。

实践操作：

（1）利用激光笔发出的蓝光照射在平面镜上，如图 4 – 44 和 4 – 45 所示，学习光反射的概念和光线、夹角的名称。

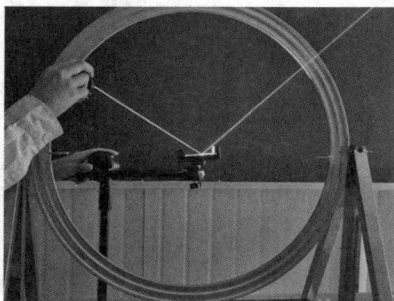

图 4 – 44　操作激光笔

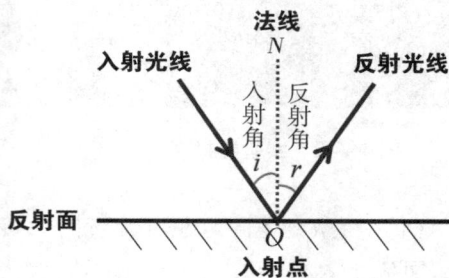

图 4 – 45　光的反射

（2）探究反射光线和入射光线的位置关系。

由实验可知，每条入射光线都有一条反射光线与之对应，如图 4 – 46 和图 4 – 47 所示，入射光线的位置改变了，反射光线的位置也随之改变。反射光线和入射光线分别位于法线两侧。

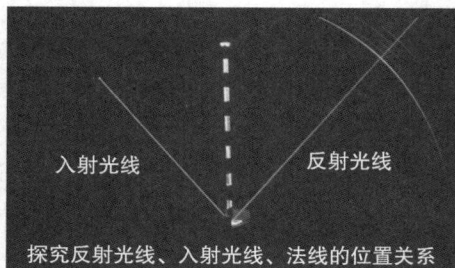

图 4 – 46　入射光线和反射光线

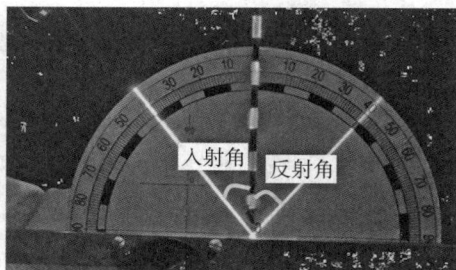

图 4 – 47　入射角和反射角

（3）探究反射光线、入射光线、法线是否在同一平面内，如图 4 – 48 和图 4 – 49 所示。

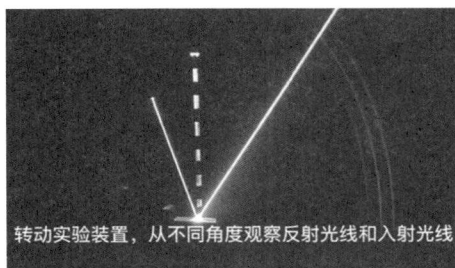

图 4 - 48

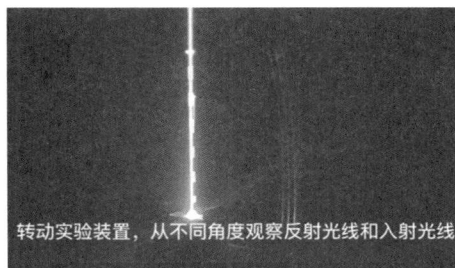

图 4 - 49

实验结果表明，转动观察的角度，最终可以看到反射光线挡住了入射光线和法线。

装上带有刻度的半圆盘，使光线紧贴圆盘斜射入平面镜，在圆盘的另一侧可看到反射光线。将圆盘的一侧向后偏折，反射光线没有向后偏折，如图 4 - 50 和图 4 - 51 所示。

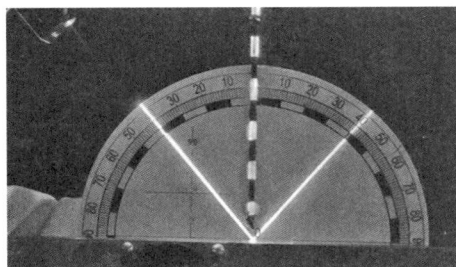

图 4 - 50

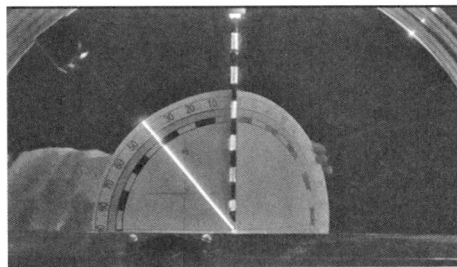

图 4 - 51

综合以上两个实验可知，反射光线、法线与入射光线在同一平面内。

（4）探究反射角与入射角的关系。

在有刻度的半圆盘上可以直接读出反射角和入射角的大小。多次改变入射光线的入射角，发现反射角的大小也随之变化。从实验数据可得，反射角等于入射角。

（5）探究光路可逆。

探究光路可逆时，用绿色的激光从左斜射向平面镜，在右边出现反射光线，如图 4 - 52 所示；再用红色的激光从右侧沿反射光线的光路斜射向平面镜，发现红色的反射光线与左侧绿色的入射光线完全重合，如图 4 - 53 所示，由此看出在反射现象中光路是可逆的。

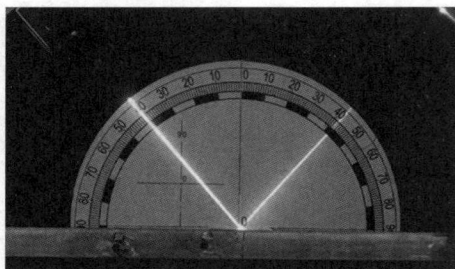

图4-52　绿色激光反射图　　　　　　　图4-53　红色激光反射图

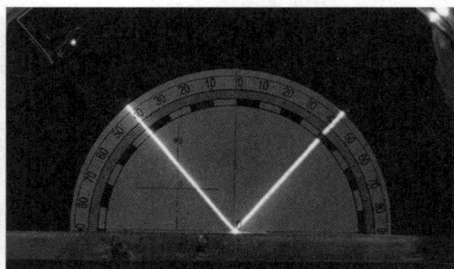

实验的不足之处：

（1）要使实验现象明显，需要在光线较暗的地方进行实验，若是在明亮的教室里进行演示，效果不够明显。

（2）实验中需要制造烟雾用来显示光路，但烟雾容易消散，实验时间受到限制。

后期完善展望：

该实验器材目前只能演示光的反射，未来有待改进的是将光的直线传播、光的折射、光的色散、透镜的成像规律等光学实验融合在一起，实现器材的多功能化。另外，寻找显示光路的新方法，让实验操作更方便，学生可观察的时间更长。

教具创新：

（1）激光笔固定在可旋转的大转盘上，激光可随着转盘360°绕圆心旋转，可满足入射光线变化形成不同的入射角。

（2）平面镜放置在可旋转、可升降的支架上，可根据实验的实际需求移动平面镜的位置，探究多种光的反射现象。

（3）用荧光棒和黑胶带来模拟法线，引入一条发光的虚线，在实验过程中代替法线所在的位置，使学生更直观地观察到实验现象。

（4）实验器材可全方位观察，学生可以从各个角度观察实验现象，也可以旋转实验器材来观察反射光线、入射光线、法线的重合情况。

（制作者：佛山市南海区桂城街道平洲二中刘珊、佛山市南海区南海实验中学黄东梅　此作品获广东省实验精品课例一等奖）

二、可视化做功改变内能演示仪

制作目的：

本教具适用于人教版《物理》九年级第十三章第 2 节"内能"演示实验，目的是帮助学生理解做功可以改变物体的内能。

教材分析：

通过教材学习，学生已了解改变物体内能的方式有两种：一是热传递，二是做功。学生有了一定的感性认识，就比较容易理解，热传递的实质就是内能从高温物体转移到低温物体，内能改变的多少用热量来量度。再通过压缩空气点火实验和气体膨胀做功内能减少的实验，加深对做功可以改变内能的理解。

所需器材：

K 型热电偶配温度显示屏、空气压缩点火仪（后文简称点火仪）、电动自行车轮胎、玻璃胶、502 胶水、手钻。

制作过程：

（1）外界对气体做功演示仪。

首先用手钻在点火仪的底部和底座打洞，如图 4 – 54 所示，然后在热电偶探头端（如图 4 – 55 所示）涂上玻璃胶并插入点火仪底部，如图 4 – 56 所示。

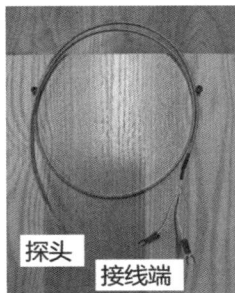
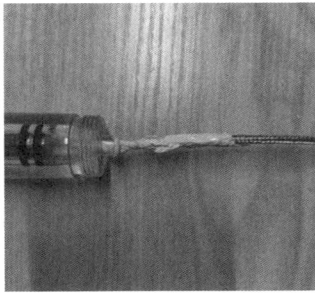

图 4 – 54　　　　　　　图 4 – 55　　　　　　　图 4 – 56

待玻璃胶干后拔出，涂上 502 胶水再插进去，加强气密性。再按照图 4 – 57 所示将热电偶的接线端从底座侧边的孔中拉出。最后将热电偶的接线端接在显示屏上即可，如图 4 – 58 所示。

图 4 – 57   图 4 – 58

（2）气体对外界做功演示仪。

用 502 胶水将热电偶的探头端固定在轮胎的放气口，如图 4 – 59 所示，再将热电偶的接线端接在显示屏上即可，如图 4 – 60 所示。

图 4 – 59   图 4 – 60

实践操作：

（1）外界对气体做功演示：

将与点火仪相连的热电偶接线端与显示屏连接好，通电后向下压点火仪的活塞，注意观察显示屏上温度的变化，如图 4 – 61 所示。温度上升，说明向下压活塞时，活塞对点火仪内部的空气做功，点火仪内部的空气内能增大，即可证明外界对气体做功时，气体内能会增大。

（2）气体对外界做功演示：

将与轮胎放气口相连的热电偶接线端与显示屏连接好，通电后按压轮胎放气口的针头对轮胎放气，注意观察显示屏上温度的变化，如图 4 - 62 所示。温度下降，说明轮胎内气体向外放气时，由于对外做功，导致自身内能减小。由此可证明气体对外做功时，自身内能会减小。

图 4 - 61

图 4 - 62

教具创新：

（1）外界对气体做功演示仪的创新点。

①操作简单。

课本实验需要在点火仪中加入硝化棉，以合适的力度和速度向下压活塞，使硝化棉点燃，在操作过程中，力度小了硝化棉不能被点燃，力度大了器材容易损坏。

改进后的器材不需要用较大的力和速度向下压活塞，只需缓慢逐渐向下压即可，成功率高，不容易损坏器材。

②现象持续时间长，方便观察。

课本实验中硝化棉只有放很少的量才容易成功，所以如果实验成功，硝化棉确实会被点燃，但是现象只有一瞬间，可能学生还没看到，硝化棉就已经烧完了。

改进后的实验不需要很快地压活塞，所以温度的变化会持续一段时间，至少几秒钟，学生可以看到温度逐渐上升的过程，认识到在活塞压缩空气的过程中，空气的内能确实是增加的。

③容易理解。

课本实验中由于现象只有一瞬间，学生会有疑问：硝化棉究竟是被活塞压燃的？还是因为空气温度足够高才燃烧起来的？

改进后的实验因为现象持续的时间长，学生可以看到活塞没有到达点火仪的底端时，温度就已经在上升了，所以更容易理解活塞压缩空气的过程中空气的温度会升高，内能会增大。

（2）气体对外界做功演示仪的创新点。

①易于成功。

课本实验是用如图 4 - 63 所示器材，在烧瓶中加水，然后盖上瓶塞，向瓶中打气，当瓶内气压达到一定强度时，瓶塞会被瓶内气体推出，同时瓶内出现白雾，以此说明瓶内气体对外做功时内能减小。但实际操作过程中，经常会出现瓶塞喷出时，瓶内没有出现白雾或者只出现一点白雾的情况，导致距离稍微远一点的学生都看不到。

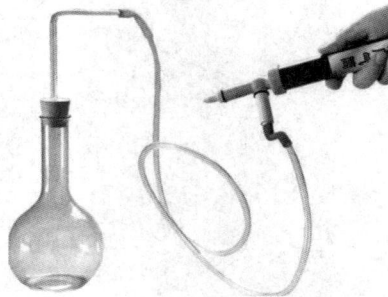

图 4 - 63　教材实验装置

改进后的实验因为只需要确保轮胎一开始是充满气的，那么在放气的过程中，就一定会出现温度降低的情况，并且只要在放气，温度就会持续降低，成功率大大提高。

②现象持续时间长，方便观察。

课本实验中白雾出现的时间很短，很快就会消失，学生不能持续观察到现象。改进后的实验是在整个放气的过程中，显示屏上的温度会持续下降，时间可以持续 10 秒钟左右，足够让学生观察到温度下降的过程。

③直观反映规律。

课本实验中，学生就算看到白雾，也不一定能接受白雾的形成与瓶内气体温度降低的因果关系，需要他们先明白白雾是水蒸气液化成的小水珠，再知道水蒸气遇冷才会液化成小水珠，所以出现白雾说明瓶内气体的温度降低了，但是部分学生不一定能理解。

改进后的实验通过显示屏上温度示数变化反映轮胎内气体温度的变化，更直观地反映出气体对外做功内能减小的规律，学生更容易接受。

④有利于激发学生的学习兴趣。

因为轮胎属于生活常见物品，学生非常熟悉，所以当轮胎出现在课堂上时，学生马上就会非常好奇：老师为什么拿了个轮胎来上课？轮胎跟今天学的内容有什么关系呢？整节课就会很期待老师怎么利用这个轮胎，学习兴趣就被调动起来了。

本实验教学过程如表4 - 1所示：

表4 - 1　教学过程

教学环节：改变物体内能的方式——做功	
教师活动	学生活动
演示外界对气体做功改变气体内能的实验，引导学生思考：活塞压缩筒内空气时空气温度上升，说明空气内能怎么变化？说明外界对物体做功时物体的内能怎么变化？	根据实验现象，结合老师的问题引导，分析现象产生的原因，得出外界对物体做功物体内能增加的结论。
演示气体对外界做功改变气体内能的实验，引导学生思考：轮胎放气过程中，放气口处的温度下降说明气体在对外界做功的过程中，自身的温度怎么变化？内能怎么变化？	根据实验现象，结合老师的问题引导，分析现象产生的原因，得出物体对外界做功物体内能减小的结论。

实验教学评价：因为两个实验操作比较简单，现象也比较明显，并且可以由温度的变化很直观地反映出物体内能的变化，所以可以顺利得出做功与物体内能变化的关系，完成学习目标。

（制作者：佛山市南海区南海实验中学周东营）

三、多功能自制数字化测温系统

制作目的：

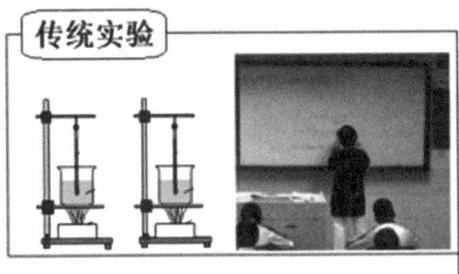

图4 - 64　传统实验

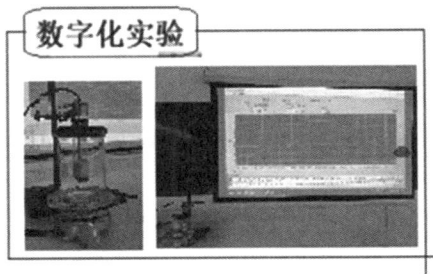

图4 - 65　数字化实验

相比传统实验，数字化实验能够快速处理实验数据，即时在课堂上呈现（如图 4 – 64 和图 4 – 65 所示）。利用该多功能自制数字化测温系统，能够更好地实现教学目标。

教材分析：

人教版《物理》教材中，"比热容"的教学首先从日常生活常识出发，说明物质在温度变化时，吸收（或释放）的热量与物体质量和温度变化量有关，从而为比热容概念的引出做好铺垫。然后安排演示实验，引导学生观察、对比、分析，最终抽象出比热容的概念。比热容概念是通过科学探究方式建立的，要在科学探究过程中经历制订探究计划和设计实验的过程，要重视通过交流与讨论培养学生的合作意识，初步具有整体观点。建立了比热容的概念后，更要重视其与自然、生活和社会的联系。"熔化和凝固"这一节安排在"温度"之后来学习，是对上一节所学知识的应用，为下一节学习汽化和液化做好铺垫，同时也是初三热学和高中热力学知识的基础，具有承前启后的重要作用，教材中所使用的"实验—分析—比较—总结"的方法为学生今后的学习起到积极的作用。以上两节内容都涉及测量温度，如何能在短时间内测出温度的变化并快速处理实验数据，我们进行了研究，并制作出多功能自制数字化测温系统。

所需器材：

量程为 – 50℃ ~ 150℃、分度值为 0.1℃ 的一对温度传感器探头，计算机，USB 接口。

制作过程：

本装置是利用可连接计算机的温度传感器，配合自编测温软件，组成一个数字化测温系统（如图 4 – 66 所示）。该系统可以使常见的初中热学实验变成数字化实验。

（1）制作温度传感器。

所用温度传感器的量程是 – 50℃ ~ 150℃，分度值是 0.1℃，用 USB 接口连接电脑。购买时

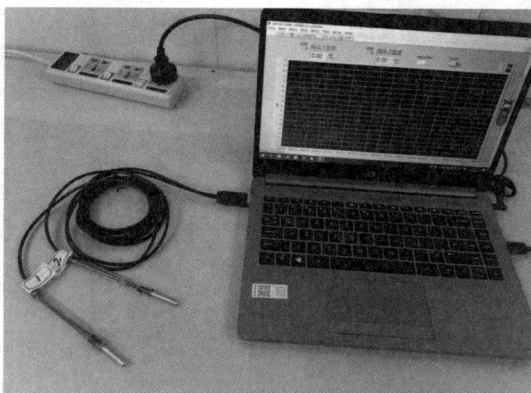

图 4 – 66　多功能自制数字化测温系统

选择免驱动、支持二次开发的传感器，可以把编程的难度降到最低。

传感器探头套上玻璃管之后，使用方式与普通实验室用温度计无异。因此，在多数热学实验中，其他实验器材无须改造，只需要把温度计换成如图4-66所示的温度传感器即可。

（2）自编热学实验用测温软件。

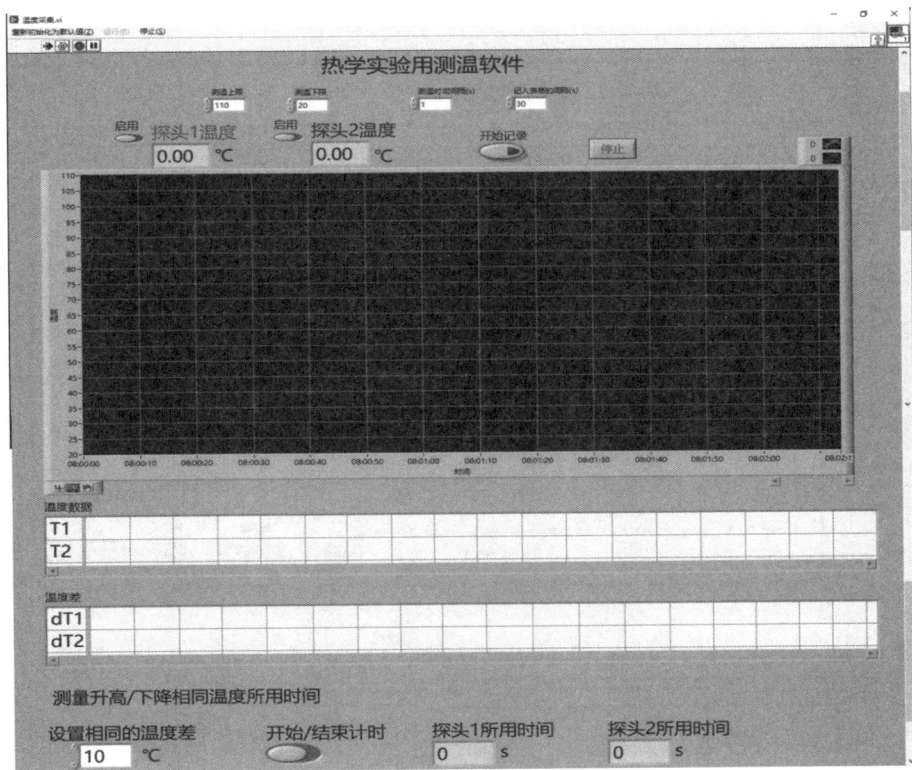

图 4-67　自编热学实验用测温软件操作界面

自编软件基于 LabView 编程，立足于初中热学实验教学的需求而设计，界面简洁、操作简单（如图4-67所示）。安装好软件以后，插上温度传感器即可使用，可以脱离编程软件独立运行。

具体功能如下：

①实验前可以设定温度坐标上下限，实验结束后，可以对图像进行局部截取、放大，以便得到最好的展示效果。

②测量并显示温度，读数时间间隔可以设定，最低可达 0.15s 读取一次温

度数据。

③实时生成温度随时间变化的图像，形象地展示温度的变化规律。

④把读取的温度数据列成表格，同时计算温度差（末温减初温的值），表格上记录数据的时间间隔可以自主设定。

⑤测量上升或下降相同的温度所需的时间。

源程序如图 4 - 68 所示。

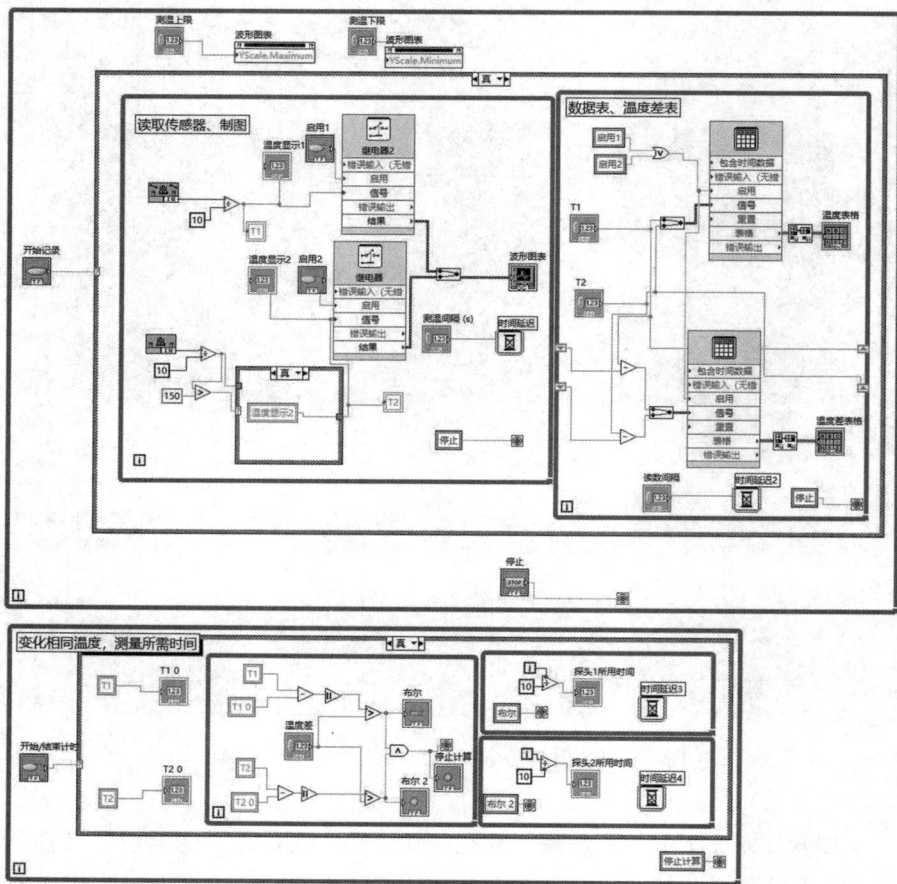

图 4 - 68　自编软件程序设计图

在各个传统的热学实验中，把实验室用温度计换成温度传感器，就能应用本数字化测温系统，而不需要对实验方法、实验器材作出更改。下面是两个能够表现该系统功能的实验。

实践操作：

（1）观察晶体熔化时温度变化的实验。

实验器材如图4-69所示，包括铁架台、电炉、烧杯、石棉网、试管、低熔点合金（熔点约为47℃）、自制数字化测温系统。

课本上是观察海波的熔化，但是在教学实践中，由于海波导热能力差，受热不均匀，这个实验经常失败，得不到晶体熔化图像。因此，我们使用低熔点合金代替海波，如图4-70所示。合金导热性好，加热时整体温度接近一致，因此熔化也几乎是整体进行的，不会出现局部熔化的情况。熔化时会明显处于一个固定的温度，而且实验过程中不需要搅拌，没有操作难度。

图4-69 实验器材 　　图4-70 低熔点合金实验图

事前把低熔点合金熔化，再插入温度传感器，待其凝固后才开始实验，实验的效果很理想。屏幕上的数值显示清晰可见，图像生成的过程中，形象地表现了温度的变化情况。表格中，（T1）连续多个数据停留在47.0℃（如图4-71中实验数据所示，为了教学效果，表格数据作了取整处理），熔化时间约为160s。实验数据的处理实现了数字化，省去了记录数据、绘制图像的工作，极大地提高了课堂效率。

温度数据																		
T1	38.0	40.0	41.0	43.0	44.0	46.0	47.0	47.0	47.0	47.0	47.0	47.0	47.0	47.0	48.0	49.0	52.0	56.0
T2	31.0	31.0	31.0	31.0	32.0	32.0	32.0	32.0	32.0	32.0	32.0	32.0	32.0	32.0	32.0	32.0	32.0	32.0

图4-71 温度数据

类似的测量温度变化的实验，都可以使用该系统进行。例如，观察非晶体熔化时温度变化的规律、凝固时温度变化的实验、蒸发致冷、观察水沸腾时温度变化的特点的实验，等等。

（2）探究物质吸热的实验。

实验器材包括铁架台、电炉、小烧杯2个、纸盖、水、花生油、天平、自制数字化测温系统，装置如图4-72所示。本实验探究花生油和水吸热时温度的变化，图像和数据（花生油的温度为T_1，水的温度为T_2，对应的温度差为dT_1和dT_2）如图4-73所示。

图4-72　探究物质吸热的实验装置

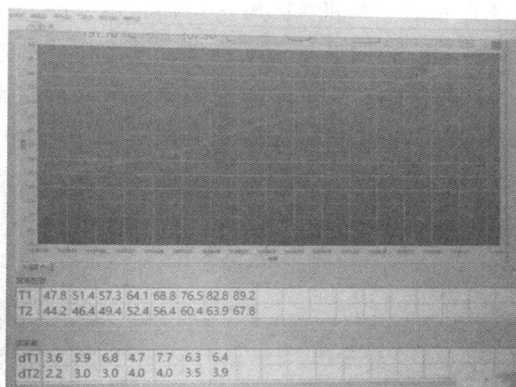

T1	47.8	51.4	57.3	64.1	68.8	76.5	82.8	89.2
T2	44.2	46.4	49.4	52.4	56.4	60.4	63.9	67.8

dT1	3.6	5.9	6.8	4.7	7.7	6.3	6.4
dT2	2.2	3.0	3.0	4.0	4.0	3.5	3.9

图4-73　花生油和水的温度变化

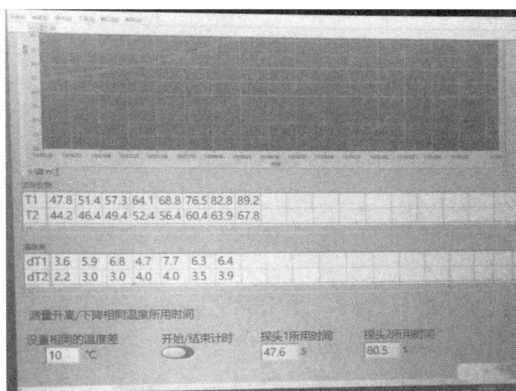

图 4 – 74 实验数据（升高相同温度，花生油和水所需时间）

实验结果可以从两个角度分析：

①吸收相同的热量，温度上升量不同。从图 4 – 73 中可以看出，花生油升温速度比水快。从温度差表格可以看出，相同的时间内，花生油升高的温度比水要大。可以得出结论：质量相等、吸收热量相等时（相同时间段内），花生油的温度上升量比水要大。

②升高相同温度，所需吸收的热量不同。如图 4 – 74 中"测量升高/下降相同温度所用时间"一项，升高相同温度，花生油所用时间比水要少（所吸收热量较小）。可以得出结论：升高相同的温度，质量相等时，花生油所需吸收的热量比水要小。

从图像上看，液体单位时间吸收的热量，需要一定的时间才能稳定。因此，图像后半段才符合理论上的一次函数图像，斜率才能反映比热容的大小（倒数的大小）。因此，课堂操作上，可以截取后半段图像，而最后一组测量（升高相同温度，测量所用时间）则可以选择在实验后半段时间内进行。图 4 – 74 中得到的实验数据，同样升高 10℃，水所需时间是花生油的约 2 倍，是比较接近理论值的（水的比热容是花生油的 2.3 倍，因此所需时间也为 2.3 倍）。

由这组数据引出比热容的定义，对学生具有很好的启发效果。

（制作者：佛山市黄东梅名师工作室团队）

第三节　力学创新类

一、变形杠杆演示仪

制作目的：

本实验是人教版《物理》八年级下册第十二章第1节"杠杆"中的内容，教材实验采用了如图4－75所示的实验装置。在教学中，我们发现了以下问题：实验中巧妙地把力臂都置于杠杆之上，在杠杆水平平衡时便于在杠杆上直接读出力臂的大小，但由于支点到力的作用点的距离跟支点到力的作用线的距离重合，容易导致学

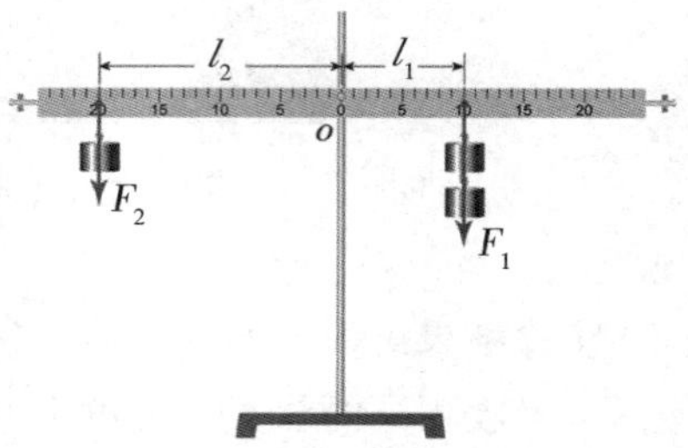

图4－75　教材实验装置图

生混淆力臂的定义，不利于学生准确地理解力臂的概念和掌握正确画出力对应的力臂的方法。课本实验装置中动力和阻力都是用钩码重力来产生的，所以只能得出杠杆受到竖直向下的外力时的平衡条件，不能对杠杆受到任意方向外力的平衡条件进行探究，使结论不具有普遍意义。

课本实验装置只探究了杠杆在水平位置的平衡条件，对于杠杆倾斜时是否还满足杠杆平衡条件没有进行实验探究；课本实验装置只演示直杠杆的平衡条件，但对于异形杠杆（杠杆是弯曲的）能否满足杠杆平衡条件没有进行探究。针对课本中实验的不足，我们发明了变形杠杆演示仪。

教材分析：

杠杆的知识是前几章力学知识的延续，也是学习滑轮和轮轴等简单机械的基础。本节内容由"杠杆""杠杆的平衡条件""生活中的杠杆"三部分构成，是集物理概念、物理规律及其应用于一体的探究课。其中探究杠杆的平衡条件是本节的重点，突出教学重点的关键是引导学生完成好探究杠杆平衡条件的实验，在设计实验、进行实验和处理数据等方面给学生创设参与的机会，使他们加深体验。画杠杆的力臂是本节的难点。为了使学生能较准确地画出力臂，教师有必要讲清力臂的概念。

所需器材：

三折尺、磁吸、弹簧测力计、直尺、激光笔、钩码、螺丝钉、滑轮。

制作过程：

（1）用三折尺代替直杠杆来探究杠杆平衡条件，改变了教材中只能演示直杠杆平衡条件的缺点，使装置既能探究直杠杆，又能探究异形杠杆（如图4-76所示）。

（a）直杠杆 （b）异形杠杆

图4-76 杠杆变形展示

（2）在支点处用螺母安装一把能转动的刻度尺，如图4-77所示，绕着转动的刻度尺，在挂钩上悬挂激光笔，当刻度尺与力作用线垂直时，就可以读出力臂大小。它的优点在于既能探究杠杆在水平位置的平衡条件（如图4-77所示），又能探究杠杆在非水平位置的平衡条件（如图4-78所示）。

图4-77 水平位置平衡条件探究

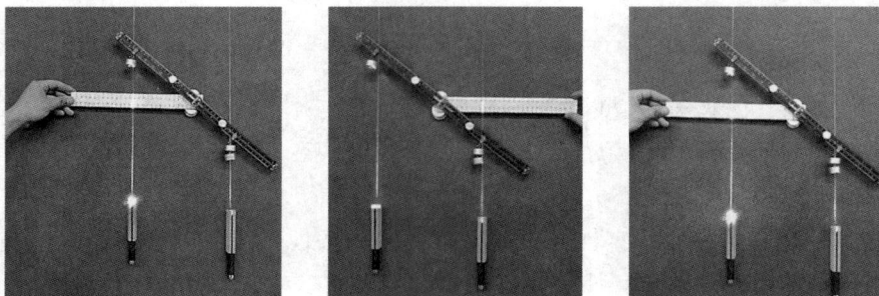

图4-78　非水平位置平衡条件探究

（3）在黑板上吸上两个定滑轮，用细线系上钩码后连接上杠杆，如图4-79所示（细线方向与杠杆不垂直）。

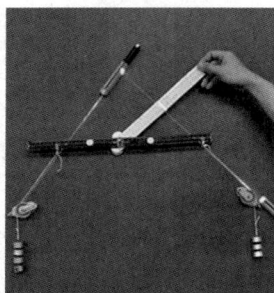

图4-79　实验装置整体图

实验原理：

探究在水平方向上、非水平方向上、非竖直方向上的异形杠杆（非直杠杆）的平衡条件，通过多次实验我们可以得出杠杆平衡条件：动力乘以动力臂等于阻力乘以阻力臂，即 $F_1L_1 = F_2L_2$。

实践操作：

实验一：探究在水平方向上的平衡条件

步骤一，把固定轴吸在黑板上，放上我们自制的杠杆，调节杠杆的调节旋钮，使杠杆在水平位置平衡（如图4-80所示），操作方式和平衡螺母相同，都为左偏右调，右偏左调。

步骤二，在杠杆左右两边挂上钩码，调节钩码，使杠杆在水平位置再次平衡。

步骤三，调节转轴上的转动直尺，分别测量左右动力和阻力的力臂（如图 4-81 和图 4-82 所示），把数据填写在表 4-2 中。

 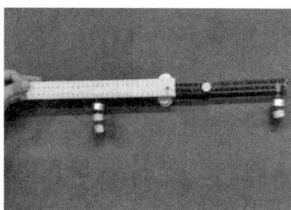 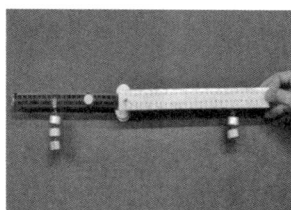

图 4-80　调节杠杆平衡　　　　图 4-81　测量动力臂　　　　图 4-82　测量阻力臂

实验二：探究直杠杆在非水平方向上的平衡条件

步骤四，再次调节钩码使杠杆在非水平位置上平衡，用激光笔沿着钩码重力的方向照射（如图 4-83 所示）。

步骤五，调节转轴上的转动直尺，当直尺与激光光路垂直时，分别量出动力臂及阻力臂（如图 4-84 和图 4-85 所示），把数据填写在表 4-2 中。

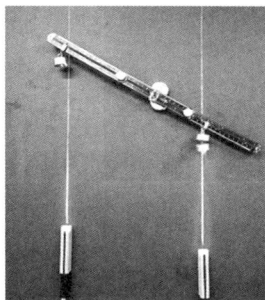 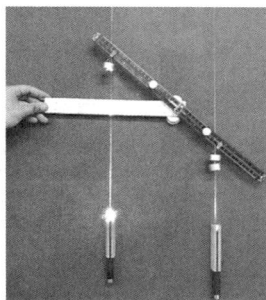 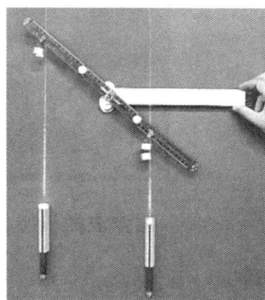

图 4-83　　　　　　　　图 4-84　　　　　　　　图 4-85

实验三：探究直杠杆上动力和阻力在非竖直方向上的平衡条件

步骤六，在黑板上吸上两个定滑轮，用细线系上钩码后连接上杠杆，细线方向与杠杆不垂直（如图 4-86 所示）。

步骤七，用激光笔沿着细线的方向照射，调节转轴上的转动直尺，当直尺与激光光路垂直时，分别测量动力臂及阻力臂（如图 4-87 和图 4-88 所示），把数据填写在表 4-2 中。

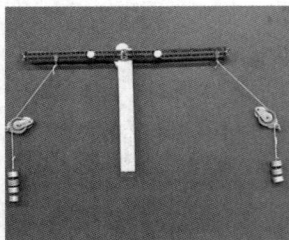
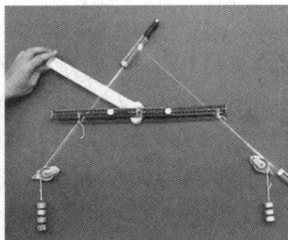
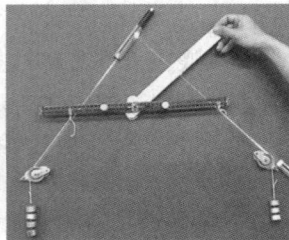

图4-86　　　　　　　　　图4-87　　　　　　　　　图4-88

实验四：探究异形杠杆（非直杠杆）的平衡条件

步骤八，调节杠杆的旋钮，使杠杆为异形杠杆（非直杠杆），挂上钩码，使杠杆平衡，用激光笔沿着钩码重力方向照射。

步骤九，调节转轴上的转动直尺，当直尺与激光光路垂直时，分别测量动力臂及阻力臂（如图4-89和图4-90所示），把数据填写在表4-2中。

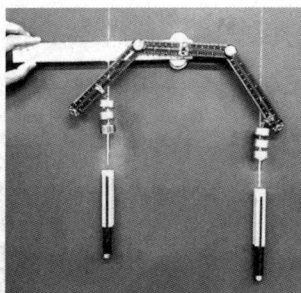
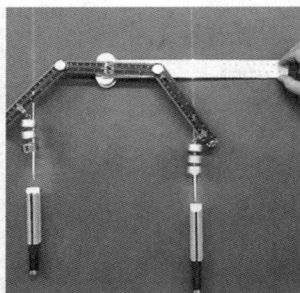

图4-89　　　　　　　　　　图4-90

表4-2　实验数据

实验次数	动力 F_1/N	动力臂 L_1/cm	阻力 F_2/N	阻力臂 L_2/cm
实验一	1.5	14	1	21
实验二	0.5	16	1	8
实验三	2	12	1.5	16
实验四	1.5	12.5	1.5	12.5

通过多次实验我们可以得出杠杆平衡条件：动力乘以动力臂等于阻力乘以阻力臂。即：

$$F_1 L_1 = F_2 L_2$$

教具创新：

（1）改变了教材中使用铁架台演示的方式，改良为用磁吸在黑板上演示。这样优点很明显：方便携带，增加了可视性，更有利于显示力臂。

（2）改变了教材中只能在杠杆水平平衡时直接读出力臂大小的方法，改良为能绕支点转动的刻度尺，当刻度尺与力的作用线垂直时，就可以读出力臂大小。它的优点在于既能探究杠杆在水平位置的平衡条件，又能探究杠杆在非水平位置的平衡条件。杠杆倾斜时，由于力臂不在杠杆上，难以显示出来，这时候利用激光笔显示力的作用线，然后调节能绕支点转动的尺子，当尺子与光路垂直时，就能测出力臂大小，对学生理解力臂概念和作力臂都有很大的帮助。

（3）创新地使用滑轮改变力的方向，能演示力在任意方向上杠杆的平衡，便于直观探究动力和阻力在非竖直方向的平衡条件。

[制作者：佛山市三水区芦苞镇龙坡中学黄浩祥、佛山市南海区南海实验中学黄东梅 此作品获 2023 年佛山市中学物理和小学科学（实验管理员）实验操作与创新技能展演活动一等奖]

二、浮力产生演示仪

制作目的：

在人教版《物理》教材中，"浮力"一节对浮力的产生原因并没有采用实验教授的方式，而是简单地进行了理论分析。为了加深学生对浮力产生过程的理解，我们粗略综合了平时所见的相关实验器材进行实验教学。研究表明，实验教学对初中生至关重要，采用实验教学收到的教学效果要远远超过单纯的讲授法，尤其是迁移能力不足的学生，对纯文字解释的知识吸收效果比较一般。因此，配合实验教学的方法教授浮力的产生原因，更有利于一线教师提高教学效果。基于此，我们在部分教具的启发下制作出新的浮力产生演示仪。

教材分析：

人教版《物理》教材中"浮力"在八年级下册第十章第 1 节，在学习这节之前，学生已经学过压力和液体压强的相关知识，具备了一定的知识基础。但是浮力的概念和之前的重力又不大一样，因为它的实质是一种合力，学生要理解浮力就必须知道浮力的产生过程。

关于浮力的产生原因，教材的解释较为简单，首先用文字交代"长方体两个相对的侧面所受液体的压力相互平衡"，然后借助前面学过的液体压强公式，通过分析长方体的上、下表面受力面积相同，而压强不同，得出两个面所受到的压力不同，进而得出浮力产生的原因是物体上、下表面受到的压力差（如图4-91所示）。

从以上实验可以看到，铝块浸入水中时，弹簧测力计的读数变小了，这说明浸入水中的铝块受到了浮力的作用。弹簧测力计读数减小的值，就是浮力的大小。由此可见，浸没在液体中的物体也受到浮力的作用。

为什么浸在液体中的物体会受到浮力的作用？

这是因为液体内部存在压强，而且深度不同，其压强不同。如图10.1-3，我们研究浸没在液体中的长方体，分析它受力的情况。长方体两个相对的侧面所受液体的压力相互平衡，对物体水平方向的受力没有影响。长方体上、下表面所处的深度分别记为h_1、h_2，$h_2 > h_1$，因此，液体对长方体下表面的压强要大于液体对上表面的压强。考虑到长方体上、下表面的受力面积是相同的，所以，液体对长方体向上的压力F_2大于液体对它向下的压力F_1。浸没在液体中的物体，其上、下表面受到液体对它的压力不同，这就是浮力产生的原因。

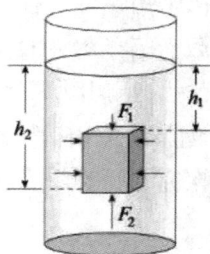

图10.1-3　水对长方体
上、下表面的压力不同

图4-91　人教版《物理》教材对浮力产生原因的阐述

大概是考虑到本节篇幅的原因，这样的解释十分简洁，但对于一线教师而言可操作空间太小，过于抽象和理论化。在实际教学中，有部分反应快的学生会好奇侧面所受压力为什么相互平衡，这时解释起来就会比较被动，因为严格意义上的验证需要用到积分，而学生知识储备显然不足。初中生的抽象思维能力并不是太强，2022年版物理课程标准关于这一节提到"通过实验，认识浮力"，借助实验的实物模拟能够更好地帮助他们在大脑中构建物理模型。

在人教版教材当中，"浮力"一节的知识点包括浮力的含义、浮力大小的测量、浮力的产生原因以及决定浮力大小的因素，可见这节的内容相对较多。但是在日常的课程讲授中，关于浮力产生原因的部分可分配的时间却并不多，普遍存在讲授较快、学生理解不足的情况。部分教师会选择把更多的精力放在后续的"探究浮力的大小跟哪些因素有关"中，这导致对浮力产生原因知识点教学的重视不足。在短暂的时间内要尽量教完繁多的课程内容，同时又要保证学生的学习质量，对教师而言无疑是一项具有挑战性的工作。为了让学生更直观地理解浮力产生的原因，部分教师进行了实验教学探索。

（1）利用蜡烛演示浮力产生的原因。

该实验过程是，将蜡烛放进水槽中，受浮力作用，可以发现蜡烛漂浮在水面，而后将蜡烛按到水槽的底部来回摩擦，直至蜡烛与水槽底部紧密接触，此时放手，发现蜡烛不上浮（如图4－92所示）。这个实验从原理上看是没有问题的，但是在演示的过程中不容易操作，来回摩擦并不能轻易使得蜡烛与水槽底部紧密接触。另外，作为物理初学者，学生对"紧密接触"这四个字的理解较难，反而会弄巧成拙，误认为蜡烛是粘在了水槽底部。

图4－92　利用蜡烛演示浮力产生的原因

（2）利用塑料瓶和乒乓球演示浮力产生的原因。

除了上述实验，也有利用空水瓶和乒乓球进行实验的，具体方法是：去除空水瓶的底部，拧上盖子倒置过来，将水瓶倒满水并扔进乒乓球，发现乒乓球漂浮在水面，说明受到浮力作用；然后将瓶盖拧开倒掉水，先放入乒乓球，乒乓球刚好堵住空瓶的瓶口，此时向空瓶快速倒水，可以发现乒乓球不会浮起来（如图4－93所示）。这个现象可以说明乒乓球的上表面受到压力的作用，下表面没有受到水的压力，没有压力差，不能上浮，因此说明浮力产生的原因是物体上、下表面存在压力差。接下来盖上盖子，此时乒乓球的底部水位逐渐上升，直至乒乓球下表面充满水，乒乓球便会上浮。这个过程往往被认为可以说明，下方液体给了乒乓球向上的压力，所以产生了浮力。

　　但是仔细观察实验现象可发现，在乒乓球上浮的过程中携带了一个较大的气泡，通过分析，笔者认为随着渗透过乒乓球的水被瓶盖堵住，水位虽然逐渐上升，但是内部原本存在的空气并没有逃逸出来，而是不断被挤压，导致气压升高，当气压大于上方的水压时乒乓球才上浮（乒乓球质量可忽略），下方的水并没有碰到乒乓球。因此，在这个例子中，"当乒乓球下表面受到水的压力大于上表面时才上浮"这种解释并不严谨。针对这种现象，笔者翻阅文献，发现有学者提出了改进方案：将原来的瓶子瓶嘴剪掉，套进另一个剪掉底部的瓶子，往下倒水时空气就可以从两层瓶子中间逸出（如图4-94所示），具体效果有待验证。

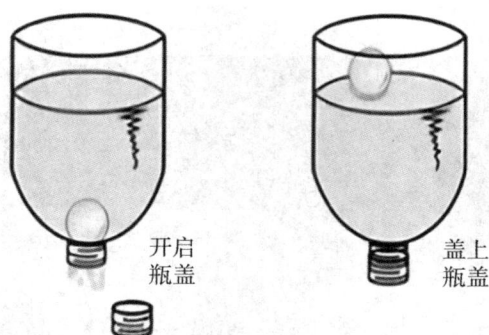

图4-93　利用乒乓球与塑料瓶探究浮力产生的原因

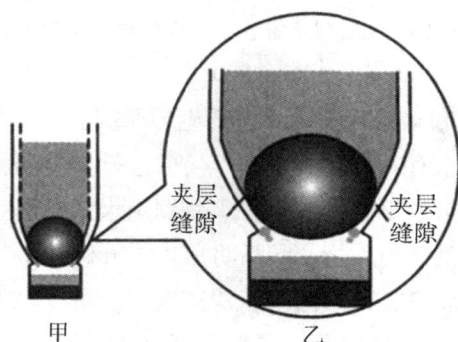

图4-94　实验改进示意图

　　由于以上实验效果都不太理想，我们翻阅人教版教材的配套教学参考用书发现了另一种实验建议，即制作一个四面均是薄膜的正方形亚克力板，通过薄膜的凹陷程度反映物体表面所受压力的大小。具体的方法是取一个仅有框架的中空正方形物块，在四周裹上透明且有弹性的薄膜。这就是第一代浮力产生演示仪。

（一）第一代浮力产生演示仪

所需器材：

四面均是薄膜的正方形亚克力板、棱角处开孔的橡皮管、万能胶水、白色橡皮膜、大水槽、水。

制作原理：

将做好的正方体置于水中，可以看到薄膜向内凹陷，其中左右两面的凹陷程度相同，说明左右两边受到水的压力相同，也就是侧面受到的水的压力大小相等、方向相反，作用相互抵消。观察上、下两个表面，可以发现薄膜下表面凹陷程度大于上表面凹陷程度，说明下表面受到的水的压力大于上表面，最终得出正方形物块受到的水的压力的合力向上，即浮力。

制作过程：

用亚克力板制作一个四面均是薄膜的正方形物块，把棱角处开孔的橡皮管插进正方形物块内并用万能胶水将其固定。此外，我们结合自己的经验，对这个教具提出几点改进建议：

（1）将透明薄膜换成更易观察的白色橡皮膜。

（2）将前后两个面改成透明的亚克力板，方便观察橡皮膜内凹。

（3）在棱角处开孔接入管子，使内部气压与大气压始终相等，这样橡皮膜凹陷更明显。

改进后的教具如图 4 - 95 所示。这个教具能够直观地解释浮力产生的原因，巧妙地运用了薄膜的形变反映出水的压力大小，变抽象为具象，学生通过直接观察就能够得出浸在液体中的物体各个面受到的压力大小关系，进

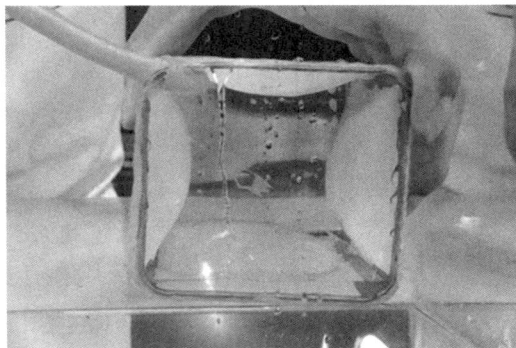

图 4 - 95　改进后的浮力产生演示仪

而形成浮力概念。

当然，在实际使用的过程中我们也发现了该教具存在的一些缺陷，即部分学生会怀疑左右两侧橡皮膜的凹陷程度不同，这是制作工艺或是学生的视觉差异造成的。

在此基础上，我们利用液体压强计改装自制可视化教具：第二代浮力产生演示仪。

（二）第二代浮力产生演示仪

所需器材：

液体压强计的 U 形管、红色墨水、棱角处开孔的橡胶管、塑料圆筒、白色橡皮膜、两个探头、透明的大水槽、水。

制作过程：

（1）取一个微小液体压强计的 U 形管部分，导入红色墨水，直至两边液柱高度约 6cm 即可，取两个微小液体压强计的探头和橡胶管，将两探头处的金属支架拆下，取一塑料圆筒使其直径与探头的直径相同，并在圆筒中间打两个孔。

（2）先将橡胶管穿过圆孔，再将探头套入圆筒中，这样就制作出左右都是探头的圆柱形物体；再将两个探头对应的橡胶管套入对应的 U 形管，即制作出新的浮力产生演示仪（如图 4 - 96 所示）。

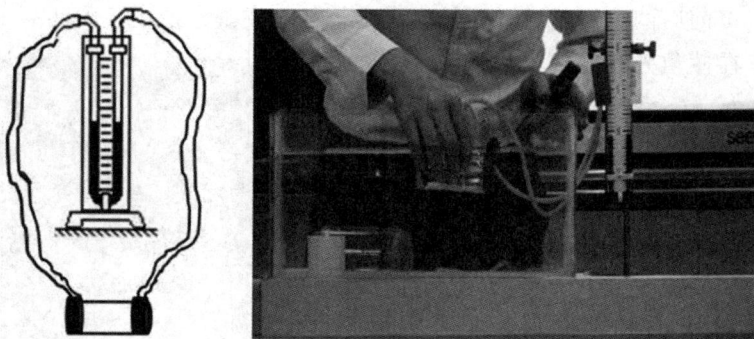

图 4 - 96　利用液体压强计改装自制可视化教具

实践操作：

将作为研究对象的圆柱体水平放入水槽中，首先探究其左右两个面受到的水的压力关系，可以发现 U 形管内部液面保持相平，说明物体左右两个面受到的水的压力相同；保持深度不变，旋转圆柱体至探头在前后两个面，可以看到 U 形管两端的液面高度仍旧相同，说明前后两个面受到的液体压力大小也相等。由此得出：浸在水中的物体，其侧面受到的力大小相等，并相互抵消，即侧面合力为零。

最后改变两个探头的深度，使一个探头处于上表面，一个探头处于下表面，以此探究物体上、下表面所受压力的情况，可以发现下表面探头对应的 U 形管液柱高度远远低于上表面探头对应的液柱高度，说明物体下表面受到的水的压力大于上表面受到的水的压力，由此得出浮力的实质是物体上、下表面受到的压力差。

用微小液体压强计改造的浮力产生演示仪既能够做到让学生直接观察浮力产生的过程，更具视觉冲击感，又能够在实验现象上做到更加明显、精细。实验的过程中不断引导学生进行思考，有利于培养学生的实验探究精神。

（三）第三代浮力产生演示仪

所需器材：

透明且有弹性的白色薄膜、亚克力板框架、棱角处开孔的橡皮管、万能胶水、透明的大水槽、水。

制作过程：

（1）用亚克力板和万能胶水制作成中空的立方体，使它的上下左右四个面处于镂空状态，然后用万能胶水贴上白色薄膜（如图 4 – 97 所示），方便观察薄膜内凹。

（2）用亚克力板经过特殊设计制作的水槽如图 4 – 98 所示，它的下表面留有缺口。

图 4 – 97

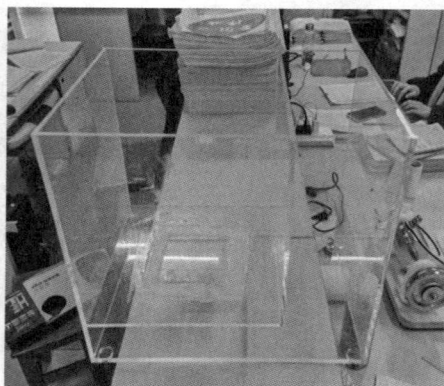

图 4 – 98

实践操作：

（1）本实验装置主体是一个立方体，它的上下左右四个面处于镂空状态，包有橡皮膜。如果把它放到液体中，可以很明显地看到立方体上下左右四个面由于受到液体的压力作用，橡皮膜发生了形变（如图 4 – 99 所示）。立方体左右两个面橡皮膜的形变是相同的，说明左右两个面所受到液体的压力相同，这两个力大小相等而方向相反，所以这两个力可以相互抵消。而上下两个面橡皮膜的形变不相同，下表面

图 4 – 99

橡皮膜形变比较大，而上表面橡皮膜形变比较小，这说明立方体下表面受到的压力大，上表面受到的压力小，这两个力不能相互抵消，使得立方体受到竖直向上的力。这说明浮力产生的原因是：液体对物体上、下两个面的压力差。

（2）本实验装置还能证明：浸在液体中的物体不一定会受到浮力的作用。水槽是经过特殊设计的，它的下表面有个缺口，实验演示想让立方体浮上来的时候，就用面积与槽底大小相当的玻璃块堵住缺口，放进立方体，随着水越加越多，立方体左右、上下的橡皮膜形变越来越大，并最终浮起来。演示不让立方体浮上来的时候，就把底部活动的玻璃块取出，留下缺口，在缺口四周垫上橡皮条，再放进立方体，随着水越加越多，其他三面的橡皮膜形变越来越大，而底部橡皮膜没有发生形变，立方体没有浮上来（如图 4 – 100 和图 4 – 101 所示）。

图 4 - 100

图 4 - 101

（3）本实验装置还能证明液体的压强随着深度的增大而增大。我们可以看到（对比图 4 - 102 与图 4 - 103），立方体在水中的深度越大，橡皮膜的形变也越大，这可以说明液体的压强随着深度的增大而增大。

图 4 - 102

图 4 - 103

教具创新：

水槽是经过特殊设计的，它的下表面有个缺口，把立方体放在水槽中时，立方体左右和上表面都与液体接触，这几个面的橡皮膜都发生了形变，说明这几个面都受到液体的压力作用。但由于水槽下表面镂空，使得立方体下表面不能接触水，无法产生上下压力差，这时候虽然立方体浸在液体中，但它不会浮起来。

（制作者：佛山市三水区芦苞镇龙坡中学黄浩祥、佛山市南海区南海实验中学黄东梅）

第四节　学生自制实验教具系列

一件自制教具作品的完成，要经过构思、设计、选材、加工和调试等多个环节，并需要反复修改和试用，这是锻炼初中学生实践能力难得的机会。自制教具一般不是简单的仪器仿制，从立意、构思、设计到修改试用，在发现问题与解决问题的过程中，包含创造性劳动，需要创造精神，这对学生的创新能力的培养是极为有利的。可以说自制教具是中小学全面推进素质教育、培养创新精神和实践能力的一个重要载体。自制教具其实也是一种设计性实验，是一种水平较高、综合性较强、对素质要求较高的实验类型。它主要按照实验原理，从多角度、多侧面地设计多种实验方法或方案，又根据实验方案科学地编写实验步骤，按实验的要求，自行选用合适的仪器，并创造性地使用器材，对实验原理、实验装置进行综合分析并对实验加以改进。所有环节的完成都需要学生充分调动创造性的思维能力、敏锐的观察能力和丰富的想象能力，摆脱习惯性思维和传统观念的束缚，通过多方位、多角度思考，以达到理想的境地。在实验设计中要有一定的实验方法和实验方案才能实施，一个实验也往往有多种不同的实验方法。

学生自制教具，首先要使学生明确自制教具的基本要求，如科学性、教育性、安全性、创造性、经济性等，了解自制教具的主要方法，如缺点列举法、希望点列举法、联想和移植创造法、替代法和模拟法等。在此基础上，实践老师每周以课外作业形式要求学生就某一实验课题写出自制教具的立项报告，交任课老师审阅，并选出优秀者在课堂上进行讲评、讨论。为了指导学生自主制作实验器具，实践学校开放物理实验室为学生提供自制教具的条件，在物理实验室配置电工、钳工、焊接及玻璃加工等方面的工具设备，供学生课内外使用。在教师指导下，学生寓学于乐，制作了大量实验教具。所用材料包罗万象，如可乐瓶、易拉罐、泡沫塑料、乒乓球、气球、电子表、气体打火机、电灯泡、注射器等，实验内容涉及中学物理实验的各个方面。

一、能量转化系列

以下展示在学习人教版《物理》九年级第十四章第 3 节"能量的转化和守恒"时，九年级学生的课后实践作业作品（如图 4 - 104 至图 4 - 108 所示）。

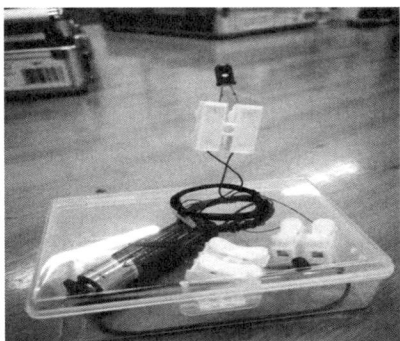

图 4 – 104 电能转化为光能
（发光二极管）

图 4 – 105 内能转化为机械能（蒸汽机）

图 4 – 106 光能转化为机械能（太阳能风扇）

图 4 – 107 光能转化为机械能（太阳能汽车）

图 4 – 108 电能转化为机械能（电动机）

二、光热学系列

以下展示在学习人教版《物理》八年级上册第三章第1节"温度"以及第四章"光现象"内容时,八年级学生的课后实践作业作品(如图4-109至图4-112所示)。

图4-109　光沿直线传播
教具(全息投影)

图4-110　光沿直线传播
教具(小孔成像照相机)

图4-111　凸透镜成像教
具(纸杯投影仪)

图4-112　自制温度计

三、力学系列

图4-113至图4-126为学生学习重力、浮力等力学知识后自制的实践作业作品。

图 4 - 113　自制重力平衡教具

图 4 - 114　自制液体沙漏

图 4 - 115　自制牛顿摆

图 4 - 116　自制蛇形摆

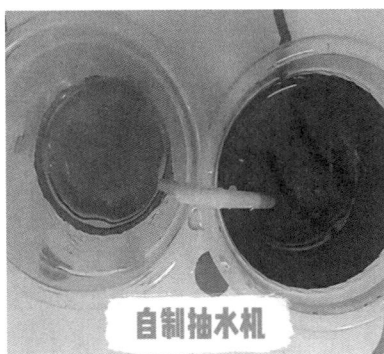

图 4 - 117　自制抽水机

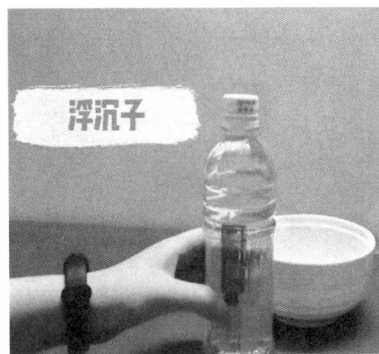

图 4 - 118　学完浮力后学生实践作业（浮沉子）

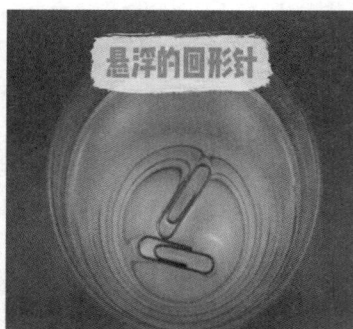

图4－119　学完浮力后学生实践作业（悬浮的回形针）

图4－120　学完大气压后学生实践作业（1）

图4－121　学完大气压后学生实践作业（2）

图4－122　学完机械能转化后学生实践作业（双驱回力车）

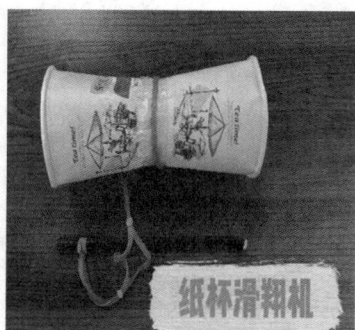

图4－123　学完机械能转化后学生实践作业（纸杯滑翔机）

图4－124　学完液体压强后学生实践作业（水车）

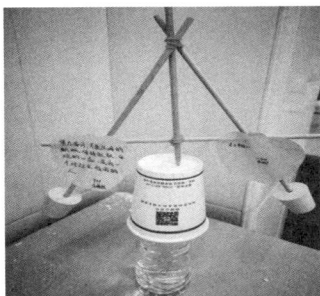

图 4 – 125 学完重力
后学生实践作业

图 4 – 126 学完杠杆
后学生实践作业

四、电和磁学系列

图 4 – 127 至图 4 – 129 为学生自制电和磁学相关作品。

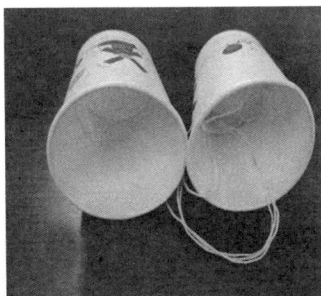

图 4 – 127 自制电话

图 4 – 128 自制无线充电器

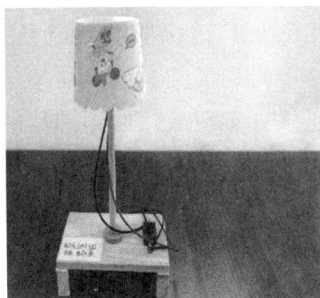

图 4 – 129 自制台灯

（制作者：潮州市潮安区颜锡祺职业技术学校学生）

第五章 自制教具应用于初中物理教学设计及课堂实况

第一节 "机械能及其转化"教学设计及课堂实况

1. 教材分析

"机械能及其转化"是人教版《物理》八年级下册第十一章第 4 节的内容，在《义务教育物理课程标准（2022 年版）》中，涉及本节的内容要求有：知道动能、势能和机械能。通过实验，了解动能和势能的相互转化。举例说明机械能和其他形式能量的相互转化。

本节课是"动能和势能"的延伸，引出了机械能的概念，以及动能与势能的相互转化和机械能守恒，这也是学习内能、能量转化和守恒的基础，所以起到了承上启下的作用。风能和水能的利用，体现了人类通过科学技术，利用自然改造自然的奋斗历程，也说明了物理知识与生产生活的紧密联系。

2. 学情分析

学生已经学习了动能和势能，对于能量的概念有了初步的认识。同时学生已具有初步的探究能力、分析问题和解决问题的能力，为这节的学习打下了基础。但是对于学生而言，能量及其转化依旧是个看不见、摸不着的抽象概念。因此本节课需要通过大量的实验和事例，创设情境，引导学生总结归纳，用科学知识解释生活中的相关现象，实现从感性到理性的上升。

3. 教学目标

物理观念：

（1）知道机械能包括动能和势能。

（2）能正确理解有关动能和势能之间相互转化的简单现象。

（3）初步了解机械能守恒的含义。

（4）了解风能和水能的利用。

科学思维：

能够对实验现象进行分析，逐步养成在实验中认真观察、勤于思考的习惯。通过机械能及其转化的知识的学习，逐步认识事物之间相互联系和转化的观点。

科学探究：

（1）通过观察和实验，认识并理解动能和势能的转化过程。

（2）能解释一些有关的简单物理现象，培养学生的观察能力和分析归纳能力。

科学态度与责任：

通过机械能知识的广泛应用，激发学生学习物理的兴趣，有将科学知识应用于生活的意识。

4．教学重点和难点

教学重点：动能和势能的相互转化。

教学难点：机械能守恒需要满足的条件。

5．教学活动设计

环节一：创设情境，引入新知

实验：将罐子沿一个不太陡的斜面由静止释放，观察罐子的运动。

启发思考：（提出问题）罐子为什么会回滚，甚至滚上斜面？

【设计意图】

本环节的设计思路来自人教版《物理》八年级下册第74页"动手动脑学物理"第4题。目的在于通过创设真实情境，制造学生认知冲突，从而激发学生的学习兴趣，并且设置悬念，引出本节课要讲授的内容。

环节二：什么是机械能

（1）展示彩虹圈，并提出问题：你见过彩虹圈下楼吗？

（2）播放视频，观察彩虹圈下楼的过程（如图5-1所示）。

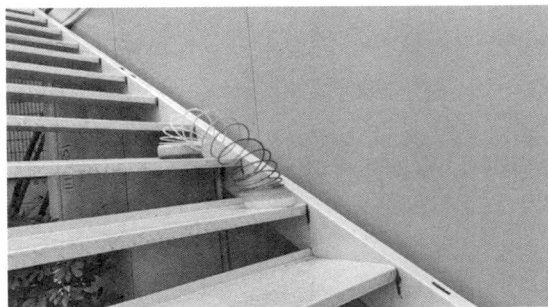

图5-1　彩虹圈下楼的演示实验

（3）启发思考：彩虹圈下楼的过程中具有哪些能量？

（4）总结：彩虹圈下楼的过程中同时具有动能、重力势能和弹性势能。还有其他同时具有动能和势能的例子，比如飞行中的飞机、跳到半空中的运动员等。

（5）提出概念：动能和势能统称为机械能。

【设计意图】

为了引出机械能的概念，让学生体会到动能和势能是相互联系的，教师选取了彩虹圈下楼的事例。用彩虹圈举例，有利于培养学生的能量观念，训练从生活现象中发现科学问题的能力，体现了新课标从生活走向物理的理念，也有助于激发学生的学习兴趣。

环节三：动能和势能的相互转化

（1）提出问题：既然动能和势能都是机械能，那么动能和势能能否相互转化呢？

（2）演示实验：观察滚摆运动并分析（如图5-2所示）。

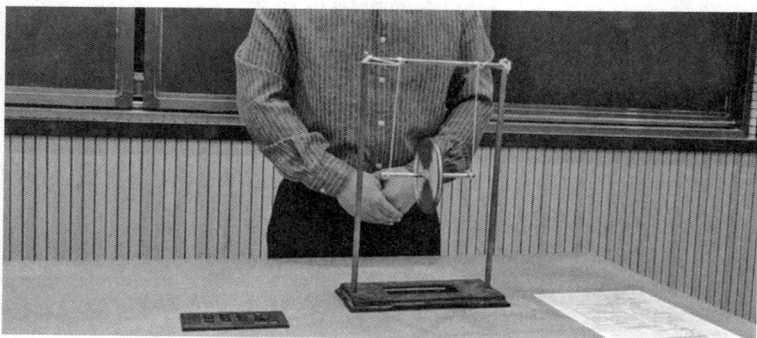

图5-2　滚摆演示实验

实验分析：滚摆上升过程中，高度上升，速度减小，说明动能转化为重力势能；滚摆下降过程中，高度降低，速度增大，说明重力势能转化为动能。因此可以得出实验结论：重力势能与动能可以相互转化。

（3）演示实验：观察铁皮青蛙的运动和内部结构（如图5-3所示）。

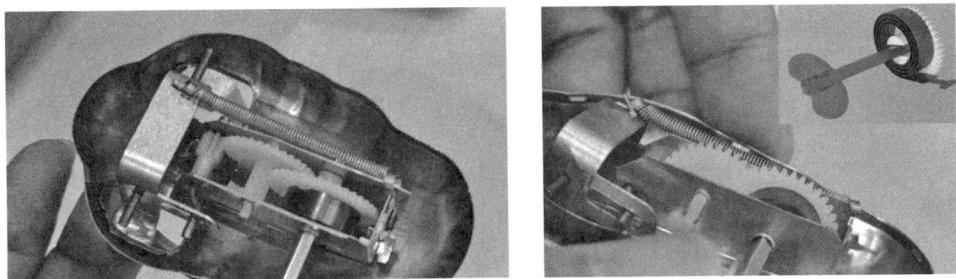

图 5 – 3　铁皮青蛙的内部结构

实验分析：铁皮青蛙能够跳起来，是因为转动旋钮时发条产生弹性形变，储存了弹性势能，随后弹性势能释放，转化为铁皮青蛙跳起的动能和重力势能。由此可以得出结论：弹性势能可以转化为动能。

（4）总结：通过滚摆和铁皮青蛙两个事例，可以得出结论，即动能与势能可以相互转化。

（5）观察射箭、跳水、撑杆跳和蹦床运动等体育运动过程，分析其中的能量转化情况。

①射箭：运动员拉弓后，弓具有弹性势能；放手时，弓的弹性势能转化成箭的动能。②跳水：运动员起跳时，跳板的弹性势能转化成运动员的动能；起跳后，运动员的动能转化成重力势能。③撑杆跳：弯曲撑杆时弹性势能转化成运动员的动能，动能再转化成重力势能。④蹦床运动：从上到下，重力势能转化成动能和蹦床的弹性势能；从下到上，蹦床的弹性势能转化成重力势能和动能。

（6）观看过山车的视频，并思考过山车运动时包含了哪些能量转化。

总结：过山车下降的过程中，重力势能转化为动能；上升的过程中，动能转化为重力势能。

【设计意图】

滚摆实验是教材中的经典实验，结合视频慢动作等信息技术的应用，可以比较直观地展现能量转化的过程。铁皮青蛙是学生熟悉的玩具，体现了新课标从生活走向物理的理念。在滚摆实验和铁皮青蛙运动实验之后，学生能够分析得出动能和势能可以相互转化的结论。随后安排分析体育运动和游乐场过山车运动时的能量转化过程，这些事例贴近生活，学生喜闻乐见，有助于学生学以致用，加深对知识的理解。这些实验和事例分析，有利于培养学生模型建构、科学推理、科学论证的科学思维。

环节四：机械能守恒

（1）趣味随堂实验：教师演示"铁锁会打到鼻子吗"的实验（单摆实验，如图5-4所示），学生试着从能量的角度分析原因（也可用玻璃杯放在一侧）。

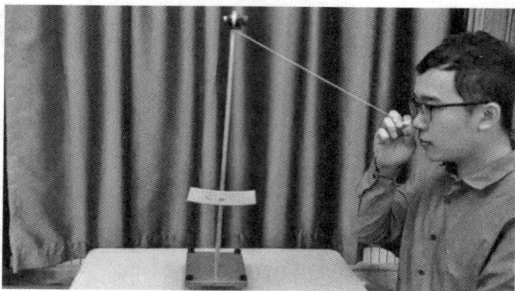

图5-4　单摆实验演示

问题：为什么单摆最终会停在最低点？

分析：因为受到了空气和绳子的阻力作用，机械能不守恒。运动过程中物体受到了接触面的阻力，克服阻力做功要消耗能量。每消耗一部分能量，物体能够转化的势能就会减小，物体的高度就会降低，同时动能也会减小，因此速度越来越慢，最终停在最低点。

总结：机械能守恒的条件：①没有阻力；②只有动能与势能相互转化。

（2）分析思考：当机械能守恒时，动能增大，势能减小；反之，势能增大，动能减小。

针对性小练习：人造地球卫星沿椭圆轨道绕地球运行。卫星在运行过程中机械能是守恒的。请分析卫星从近地点向远地点运动时，它的高度与速度、动能、重力势能的变化情况。

分析：卫星从近地点向远地点运动的过程中，近地点距离地球表面近，因此重力势能小；反之，远地点重力势能大。由于卫星在太空中运动，我们可以认为卫星的机械能守恒，此时近地点的动能比较大，远地点的动能比较小。

【设计意图】

通过单摆运动过程中高度不断降低的现象，直观展示机械能减小的过程，并引导学生分析为什么机械能会减小，在这个过程中培养学生科学推理的能力，得到机械能守恒的条件。然后进一步得出，在机械能守恒的条件下，一个物体的动能增大，则势能减小；势能增大，则动能减小，并通过人造卫星的例子加深学生的理解与认知。

环节五：水能和风能的利用

水能和风能都是机械能，自然界中的水能和风能有时会给人类带来灾害，但是也可以通过科学技术为我们所用，造福人类，比如古代的水车、风车、帆船，现代的水电站、风电场等。

【设计意图】

这部分内容主要是通过讲解水能和风能的利用，引导学生正确认识科学技术与自然的关系，培养学生的科学态度与社会责任感。

环节六：解密时刻

为什么导入阶段的罐子会回滚，甚至滚上斜面？将罐子外包装纸撕掉，可以看到罐子内部的结构。通过观察分析可以知道：当罐子滚下斜面时，橡皮筋被卷紧，弹性势能增大。水平运动静止时，橡皮筋要恢复原状，弹性势能转化为罐子的动能，罐子反向滚动，滚上斜面，如图 5-5 所示。

图 5-5　罐子回滚的演示实验

【设计意图】

回答本节课开头设置的悬念，并且通过探究活动，培养学生获取知识的能力、分析问题和解决问题的能力、交流合作的能力，以及乐于探究的科学态度。

环节七：总结归纳

（1）知识结构：

机械能 { 动能：物体运动时具有的能量
势能 { 重力势能：被举高具有的能量
弹性势能：发生弹性形变具有的能量

（2）动能和势能可以相互转化。

（3）机械能守恒：如果只有动能和势能的相互转化，则机械能的总和不变。

（4）机械能守恒的条件：没有阻力，只有动能和势能相互转化。

（授课者：佛山市南海区桂城街道平洲二中隋文泉　此课例获教育部基础教育司优课、广东省精品课一等奖）

第二节　"压力的作用效果"教学设计及课堂实况

1. 教材分析

在沪科版《物理》八年级教材中，第八章第一节"压力的作用效果"是学习压强的起点，本节内容主要对应《义务教育物理课程标准（2022年版）》的课程内容一级主题"运动和相互作用"下的二级主题"机械运动和力"。课程标准要求如下：通过实验，理解压强。知道增大和减小压强的方法，并了解其在生产生活中的作用。

2. 学情分析

在学习压强之前，学生已经学习了弹力、重力、摩擦力，以及力与运动的关系。压强是一个新的物理量，看不见摸不着，对学生来说理解起来比较困难和抽象，所以从压力的作用效果到压强这个物理量之间的过渡是学生理解的难点。此外，因为在水平面上压力大小等于重力大小，学生容易混淆压力和重力的大小关系。

3. 教学目标

物理观念：

（1）认识压力，了解压力的三要素，知道压力和重力的区别与联系。

（2）知道压力的作用效果与压力大小和受力面积有关。

（3）理解压强的概念，并能利用压强公式定量分析与压强有关的简单问题。

（4）知道增大、减小压强的方法，并能应用于生产生活实际中。

科学思维：

会利用控制变量法和转换法设计探究实验，会利用类比法、比值法定义压强，加深对压强概念的理解。

科学探究：

（1）探究影响压力作用效果的因素，体会科学探究的过程。

（2）重点培养通过观察和分析，从现象中发现物理规律的能力。

科学态度与责任：

关注生活中利用压强的实例，乐于用学过的知识研究其中的原因，开阔视野，学以致用，形成用科学解决实际问题的探究热情。

4．教学重点和难点

教学重点：

（1）利用控制变量法和转换法，探究影响压力作用效果的因素。

（2）利用增大和减小压强的方法，解决生活中的实际问题。

教学难点：

（1）压力与重力的区别和联系。

（2）压强概念的建立，以及利用压强公式定量分析与压强有关的简单问题。

5．学习流程（如图5-6所示）

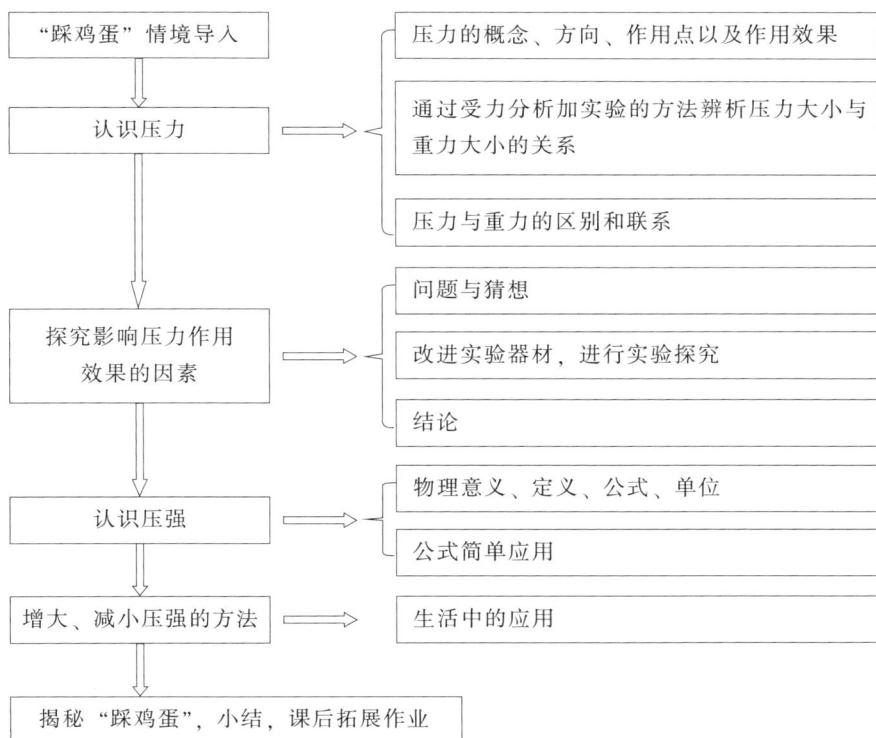

图5-6　学习流程图

6. 教学活动设计

（1）情境导入课题。

教师演示"踩鸡蛋"实验，创设情境，学生观察思考（如图5-7和图5-8所示）。

图5-7　踩一排鸡蛋，没破

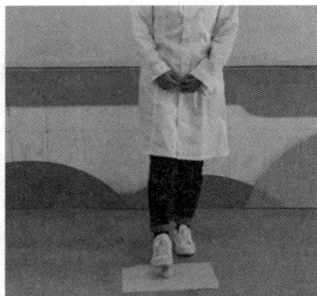

图5-8　踩一个鸡蛋，破了

师：踩一排鸡蛋，鸡蛋没破；踩一个鸡蛋，鸡蛋破了，是什么原因呢？

【设计意图】

实际生活中，鸡蛋是容易破碎的东西，不小心磕着就会破，通过"踩鸡蛋"实验进行对比，让学生形成认知冲突，引起好奇心，激发求知欲，符合学生由"疑"生"趣"、由"趣"促"学"的认知过程。

（2）认识压力。

通过引入教师提出的问题，让学生知道先了解压力的概念才能层层递进解决问题。

教师活动：通过列举如图5-9所示水平面、斜面、竖直面的三种生活场景，让学生观察压力的方向有什么特点。

足球垂直压在地面上　　木箱垂直压在斜面上　　啄木鸟对大树有压力

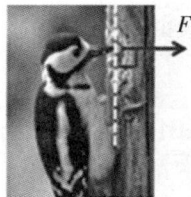

图5-9　生活场景中的压力现象

学生活动：总结压力的概念、产生原因、作用效果以及作用点。

师：请画出如图 5 - 10 所示三种情况下物体所受重力以及对接触面的压力。

图 5 - 10　水平面、斜面、竖直面的重力和压力

师：压力大小等于重力大小吗？

师：（分类讨论）在水平面上时，通过受力分析可知，水平面上压力大小等于重力大小。在斜面上时，通过电子秤称物实验来验证，如图 5 - 11 所示：

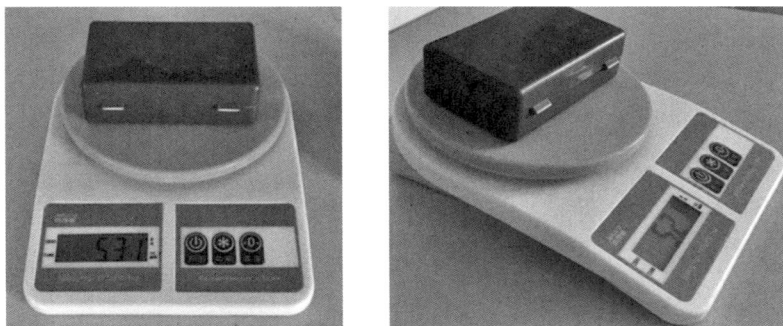

图 5 - 11　电子秤称物实验

由此可知：斜面上压力大小不等于重力大小，竖直方向压力与重力垂直，两者没有关系。

通过分析三种情况下压力和重力的大小，师生一起总结出压力和重力的区别与联系，如表 5 - 1 所示。得出：只有在水平面上时，压力大小才等于重力大小。压力可以由重力产生，也可以与重力无关。

表 5 - 1　压力与重力概念辨析

	产生的原因	施力物体	力的方向	力的大小	力的作用点
压力					
重力					

【设计意图】

理解压力和重力的区别与联系是一个难点。通过逐个受力分析建立物理模型，得到水平方向压力大小等于重力大小。根据初中阶段学生的认知水平，借助电子秤称物实验，让学生知道在斜面上时压力不等于重力，建立初步认识，做好初高衔接。

（3）探究影响压力作用效果的因素。

▶问题

设置问题情境：雪地上两个人对地面的压力差不多，但压力的作用效果一样吗？

▶猜想

学生活动：做一做压三角尺和铅笔小实验，根据感受来进行猜想。

师：①如图 5 - 12 所示，轻压和重压三角尺，食指的感觉有什么不同？②如图 5 - 13 所示，用手指压住笔的两端，两个手指的受力相同吗？两个手指的感觉有什么不同？（在这个提问过程中体现了控制变量的思想，为之后学生设计实验过程中用控制变量法做铺垫。）

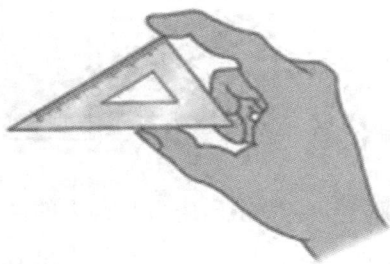

图 5 - 12　压三角尺实验　　　　　　图 5 - 13　压铅笔实验

学生活动：猜想压力的作用效果可能与压力大小和受力面积大小有关。

▶设计实验和实验过程

师：压力的作用效果是使物体发生形变，通过比较受压面的形变程度可比较压力作用效果，这用到了什么物理方法？

生：转换法。

师：有两个可能影响压力作用的因素，因此需要用到什么物理方法？

生：控制变量法。

创新的实验器材：自制受压物体（由亚克力圆筒、圆环、莫代尔布料、刻度尺贴等材料组合加工而成），海绵，压力小桌，钩码一盒。如图 5 - 14 所示。

师：在自制受压物体和海绵中，你会选择什么作为受压物体？为什么？

生：我选自制受压物体，因为它的形变程度比海绵明显得多，观察度高，并可定量对比形变程度。

师：如何改变压力大小？

生：通过增减钩码。

师：如何改变受力面积？

生：压力小桌正面、侧面摆放。

学生活动：进行分组实验（创新实验）。

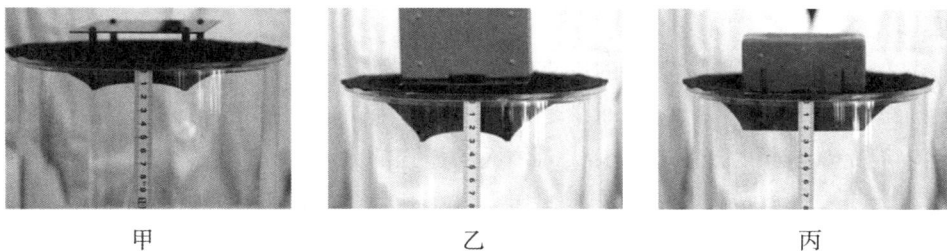

甲　　　　　　　　乙　　　　　　　　丙

图 5 - 14　实验器材

▶实验现象、结论分析

学生总结实验结论：由图 5 - 14 甲、乙可知，受力面积一定时，压力越大，压力的作用效果越明显；由图 5 - 14 乙、丙可知，压力一定时，受力面积越小，压力的作用效果越明显。

【设计意图】

（1）通过情境问题、体验活动进行猜想，让学生体会控制变量法和转换法的思维方法，体验实验探究的过程，掌握科学探究的方法，明白压力的作用效果与压力大小和受力面积有关。

（2）通过改进实验器材，不仅能让实验现象更明显，也能在这个过程中潜移默化地让学生明白一个道理：科学创新的基础可以是先改进，再发明创造。让学生去发现身边可改进的物品，成为小小发明家，不是那么难的事。

（3）认识压强。

创设问题情境，利用类比速度的定义方法，过渡到压强的定义。

师：相同型号的两辆汽车，满载和空载时对地面产生的压力的作用效果哪个更强？

生：受力面积相同时，可通过压力大小比较压力的作用效果。

师：相同重量的两辆装甲车，谁对地面压力作用效果更强？

生：压力相同时，可通过受力面积比较压力的作用效果。

师：重量不等、受力面积不等的卡车和装甲车，谁对地面压力作用效果更强？如何比较？

生：当压力和受力面积都不相等时，用压力与受力面积之比求出单位面积上所受压力大小也可比较压力的作用效果。

由此引入压强的物理意义和定义式，并通过类比速度单位的定义方法确定压强的单位为 N/m^2，但为了纪念伟大的物理学家帕斯卡，用 Pa 代替 N/m^2 作为压强单位，体现对杰出科学家的尊重和敬仰。介绍1Pa 的物理意义，并通过实例让学生感知1Pa 到底有多大。

例题：一辆质量为 50t 的坦克停在水平地面上，它的每条履带与地面的接触面积是 $1.5m^2$。图钉尖的面积是 $0.05mm^2$，手指对图钉帽的压力是 20N。试比较坦克对地面的压强与图钉尖对墙面的压强的大小。

分析：计算压强，需要先求出压力大小和受力面积，在水平面上，压力大小等于重力大小，已知质量，即可求出压力。

师：受力面积是 $1.5m^2$ 吗？

生：不是，两条履带，应该是 $3m^2$。

师：图钉尖的面积是 $0.05mm^2$，可以直接用吗？

生：不可以，必须将单位换算成 m^2，因为 $1Pa = 1N/m^2$。

师：请同学们完成例题，书写时，请注意用下标区分同一物理量。

【设计意图】

①通过问题引导，让学生类比速度的定义方法，对压强进行定义，帮助学生建立物理观念。

②通过例题讲解，让学生掌握物理规范，注重物理细节。

（4）探究增大、减小压强的方法。

通过计算发现，坦克对地面的压强比图钉尖对墙面的压强小得多，由此引入，实际生活中有时需要增大压强，有时需要减小压强。

师：请同学们根据压强公式 $p = \dfrac{F}{S}$ 自主分析增大、减小压强的方法，每一种方法都列举生活中的一个实例。

师：将总结的方法应用到实际生活中，分析以下哪些实例是增大压强，哪些实例是减小压强，分别用到的是什么方法？

下面实例中增大压强的有_____，减小压强的有_____
_____。

（1）铁轨铺在一根根枕木上　　（2）滑冰时穿带有冰刀的鞋

（3）大型载重汽车有很多轮子　　（4）喝饮料的吸管的一端被削得很尖

（5）扁担做成扁平状　　　　　　（6）螺丝的下面要加垫片

（7）图钉尖面积很小　　　　　　（8）华表下的基座做得比上部宽一些

（9）啄木鸟的嘴很硬很尖　　　　（10）坐沙发比坐硬板凳舒服

【设计意图】

通过生活中实际存在的问题，让学生明白为什么有时需要增大压强，有时需要减小压强。借助定量公式来分析如何增大压强和减小压强，并大量列举生活实例，让学生体会物理来源于生活，又为生产生活服务。

（5）知识应用：揭秘"鸡蛋踩不破"。

生：踩的鸡蛋越多，受力面积越大，压力一定时，鸡蛋受到的压强越小。

【设计意图】

通过解释导入中的问题，不仅能帮助教师检验学生学习成果，也能提高学生的学习成就感和学习物理的兴趣。

（6）课后作业。

课后拓展思考：请估算自己站立时对水平地面的压强，并与行走时对水平地面的压强相比较。

【设计意图】

课后作业既考查学生对压强公式的理解，又需要学生利用身边的测量工具解决问题，培养了学生的理解能力和知识迁移能力。

（授课者：佛山市南海区南海实验中学黄订　此课例获广东省实验精品课一等奖，并入选教育部精品课参评）

第三节　"物体的浮沉条件及应用"教学设计及课堂实况

1. 教材分析

"物体的浮沉条件及应用"是人教版《物理》八年级下册第十章"浮力"的第3节内容，是在学习了阿基米德原理、认识了浮力产生的原因的基础上，从知识应用的角度学习浮沉条件。作为浮力知识应用的重要章节，从知识应用的角度学习物体的浮沉条件，旨在通过运用浮沉条件的知识解决生活、生产中的问题。通过科学探究，倡导实验教学，培养全体学生的核心素养。以学生为主体，发展学生的科学思维，从生活中走向物理，从物理走向社会，让学生在学习中了解我国科技的发展，培养学生的民族自豪感。

本节课以"如何实现物体的浮沉"为目标，引导学生思考从浮沉的条件入手，通过分析三种不同的物体在液体中的运动状态，归纳物体浮沉的条件，再从条件中得出可以通过改变浮力和重力实现物体的浮沉，让学生自主探究如何使下沉的物体浮起来，使上浮的物体下沉，以学生为主体进行实验探究教学，提高学生的积极性，提高学生的认知能力和合作能力，培养学生的核心素养。

2. 学情分析

经过前几章的学习，学生对二力平衡以及力与运动的关系已有一定的理解，能通过物体的运动状态分析物体的受力情况。通过本章浮力和阿基米德原理内容的学习，学生对浮力的产生和大小也有初步认识，生活中也经常接触到浮力，但是还不能较好地理解和诠释浮力的概念，对浮力在生活中的应用联系较少。因此，我们在教学过程中设计了许多与生活联系密切的事物及相关实验，体现从生活走向物理，也由此引起学生探究的兴趣。学生已具备一定的动手实验能力和运用所学知识解决简单实际问题的能力，本节课以学生探究为主，培养学生的科学探究能力以及科学态度与责任感。

3. 教学目标

物理观念：知道物体的浮沉条件，了解轮船、潜水艇、气球和飞艇的原理。

科学思维：判断物体的浮沉条件，利用物体的浮沉条件改变物体的浮沉。

科学探究：通过学生探究实验，培养学生自主学习能力。

科学态度与责任：通过浮沉条件的应用，了解浮力应用的社会价值。

4. 教学重点和难点

教学重点：能根据二力平衡条件和力与运动的关系描述物体的浮沉条件。

教学难点：能运用物体的浮沉条件说明生活中的现象。

5. 学习流程（如图 5 – 15 所示）

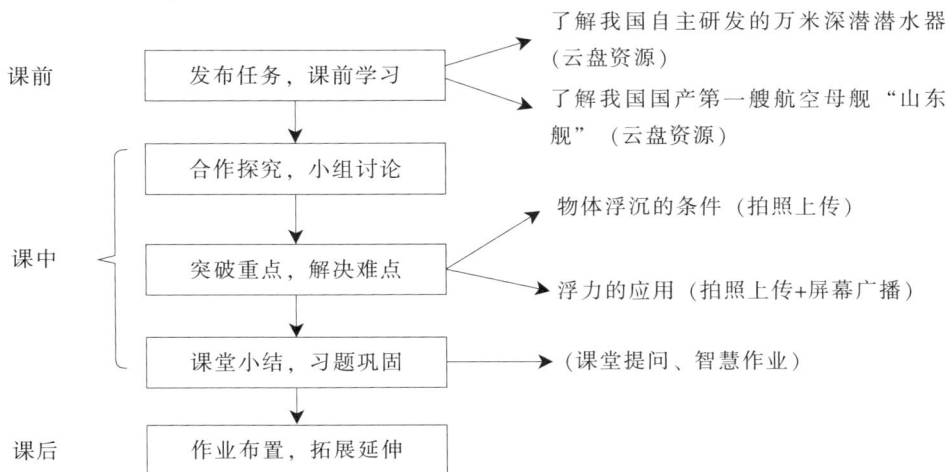

图 5 – 15　学习流程图

6. 教学活动设计

学习步骤	教师活动	学生活动	资源	设计意图
课前调查资源学习	1. 布置调查任务。 2. 上传云盘资源。	1. 观看我国"奋斗者"号载人潜水器的有关新闻，了解我国自主研发的万米深潜潜水器。 2. 查看云盘资料，了解我国国产第一艘航空母舰"山东舰"的相关信息。	视频、新闻信息等	通过了解我国"奋斗者"号载人潜水器和"山东舰"航空母舰的相关信息，不仅能增强民族自豪感，也有助于学生理解潜水艇和轮船的原理。

（续上表）

学习步骤	教师活动	学生活动	资源	设计意图
引入	演示神奇的浮沉子。  图 5 – 16	思考：如图 5 – 16 所示，是什么让小玻璃瓶可上浮可下沉也可停在水中？	玻璃管、小玻璃瓶、水	通过浮沉子魔术表演，吸引学生兴趣，引入本节课的学习内容。
一、物体的浮沉条件	1.【演示实验】如图 5–17 所示，把大西瓜、小番茄和油柑果放入水中，放手，观察发生的现象。  图 5 – 17 请同学们根据看到的现象对三种水果的运动状态进行受力分析。 2. 引导学生分析物体在液体中悬浮、上浮、下沉、漂浮、沉底的受力情况，总结判断物体浮沉的方法一：比较物体受到的重力和浮力。 3. 通过阿基米德原理和重力与质量的关系等，引导学生从密度关系判断物体浮沉，总结判断物体浮沉的两种方法。	1. 观察现象，对三种水果进行受力分析，拍照上传。 2. 进一步分析物体在液体中悬浮、上浮、下沉、漂浮、沉底的受力情况，总结判断物体浮沉的方法。 3. 运用阿基米德原理以及重力的计算公式，分析得出利用液体和物体的密度关系来判断物体浮沉的方法。 $F_浮 = G$ $G = m_物 g$ $m_物 = \rho_物 V_物$ $\rho_液 g/V_排 = \rho_物 g/V_物$ 浸没：$V_排 = V_物$ $\rho_液 = \rho_物$	实验器材：三种水果、水槽、液体；PPT 学案	通过演示实验，学生观察到不同的物体浸没在液体中有不同的运动状态，通过受力分析总结判断物体浮沉的方法，利用阿基米德原理进一步得出不同状态下密度的大小关系，培养学生的逻辑思维能力和自主学习能力。

（续上表）

学习步骤	教师活动	学生活动	资源	设计意图
二、浮力的应用	1. 请同学们观察鸡蛋放入水中是什么状态？如何改变鸡蛋的浮沉？ 2.【学生分组实验】铝箔、乒乓球分别放入水中（不能改变液体密度），完成实验后拍照上传。 ①观察它们在水中的状态； ②想办法把上浮的物体沉下去； ③把下沉的物体浮起来，要求：浮起来的物体上面加小番茄不沉，看看哪一组加的小番茄最多。 可用的器材有：水槽、水、盐水、针筒、小番茄。	1. 如图 5 - 18 所示，观察到鸡蛋在水中是下沉的，想办法把下沉的鸡蛋浮起来——加盐。 图 5 - 18 2.【学生分组实验】如图 5 - 19 所示，把铝箔、乒乓球分别放入水中（不能改变液体密度）。 图 5 - 19 ①观察它们在水中的状态； ②想办法把上浮的物体沉下去； ③把下沉的物体浮起来，要求：浮起来的物体上面加小番茄不沉，如图 5 - 20 所示，看看哪一组加的小番茄最多。 完成实验后拍照上传，放番茄最多的两组上台展示。	实验器材：鸡蛋、铝箔、乒乓球 实验器材：水、盐水、针筒、小番茄若干	教师根据浮沉条件进行实验并提问，引发学生思考，培养学生的逻辑思维能力，通过引导让学生想其他办法改变物体的浮沉，层层设问，以学生为主体，以问题为导向，以实验为主线，发展学生的核心素养。 分组实验，让学生自主探究如何改变物体的浮沉，以学生为主体、教师为辅的教学模式，培养学生的合作能力，体现高效课堂。

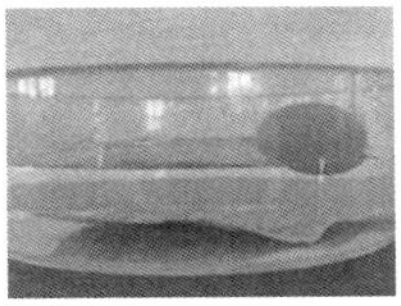

（续上表）

学习步骤	教师活动	学生活动	资源	设计意图
二、浮力的应用	3. 分别提问学生，如何让铝箔浮起来？如何让乒乓球下沉？ 4. 分别引出轮船、潜水艇的原理，并讲解相关知识（轮船的排水量等），展示潜水艇教具如图5-21所示，揭秘浮沉子原理。  图5-21 5.【项目式学习】如图5-22自制密度计，引导学生了解密度计的示数是上小下大。  图5-22 6. 介绍气球和飞艇升空的原理。	 图5-20 3. 回答问题：如何让铝箔浮起来？如何让乒乓球下沉？ 铝箔上浮是通过改变排开液体的体积从而增大浮力，乒乓球下沉是通过往乒乓球注入盐水增大重力。 4. 通过教师讲解与教具展示，了解浮沉子原理。 5.【项目式学习】自制密度计，并将密度计分别放入水和浓盐水中，用黑笔和红笔分别记录液面的位置，回答：密度计放入盐水中是上浮一些还是下沉一些？ 6. 通过图片及教师讲解，简单了解气球和飞艇升空的原理是充入密度比空气小的气体。	PPT学案 【项目式学习】实验器材：塑料管、陶泥、水、盐水	从生活中走向物理，从物理走向社会，让学生在学习中了解我国航空母舰的发展，培养学生的民族自豪感。 通过项目式学习，培养学生的合作能力和创新意识。

（续上表）

学习步骤	教师活动	学生活动	资源	设计意图
三、小结和练习	1. 课堂小结。 2. 发布课堂练习。根据数据反馈，有针对性地讲解。	1. 回顾所学，自行梳理小结。 2. 完成课堂练习，及时巩固。	智慧作业	理解巩固，学会应用。
四、总结升华、布置作业	1. 引导学生观看我国近年来航空母舰的相关新闻报道等。 2. 布置智慧作业。	1. 观看视频、新闻报道等。 2. 完成智慧作业。	PPT 视频	以学生为主体，从生活中走向物理，从物理走向社会，让学生在学习中了解我国科技的发展，培养学生的科学态度与责任感。

五、板书设计

10.3　物体的浮沉条件及应用

一、物体的浮沉条件

1. 漂浮　　$F_浮 = G$　　$\rho_液 > \rho_物$

2. 上浮　　$F_浮 > G$　　$\rho_液 > \rho_物$

3. 悬浮　　$F_浮 = G$　　$\rho_液 = \rho_物$

4. 下沉　　$F_浮 < G$　　$\rho_液 < \rho_物$

5. 沉底　　$F_浮 < G$　　$\rho_液 < \rho_物$

二、应用

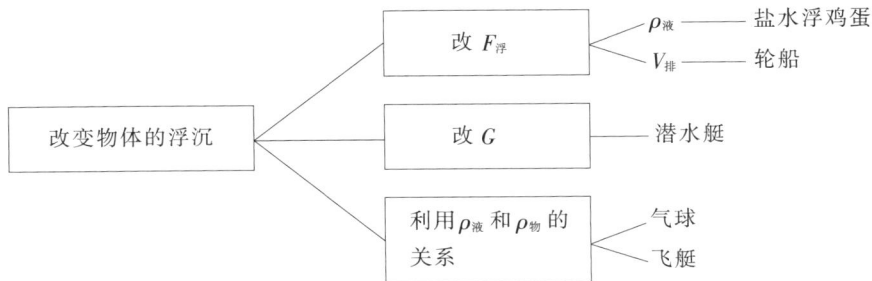

（续上表）

附：预习导学单

【核心素养目标】

物理观念：知道物体的浮沉条件，了解轮船、潜水艇、气球和飞艇的原理。

科学思维：判断物体的浮沉条件，利用物体的浮沉条件改变物体的浮沉。

科学探究：通过学生探究实验，培养学生自主学习能力。

科学态度与责任：通过浮沉条件的应用，了解浮力应用的社会价值。

【预习指引】

1. 观看我国"奋斗者"号载人潜水器的有关新闻，了解我国自主研发的万米深潜潜水器。

2. 了解我国国产第一艘航空母舰"山东舰"的相关信息。

【新课学习】

任务一：

请画出下列物体的受力分析，如图5 – 23所示：

图5 – 23

知识点：判断物体的浮沉条件。

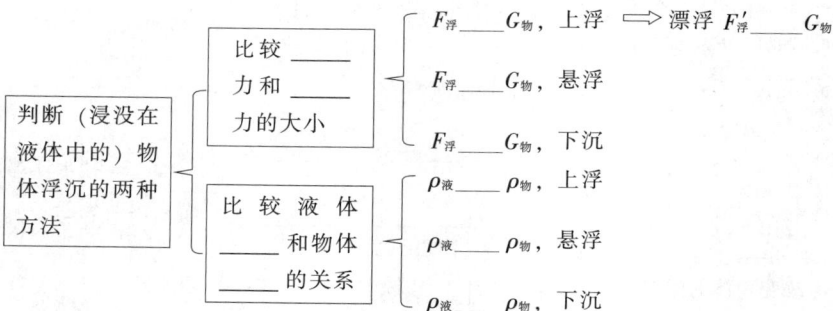

判断（浸没在液体中的）物体浮沉的两种方法

比较_____力和_____力的大小
- $F_浮$____ $G_物$，上浮 ⇒ 漂浮 $F'_浮$____ $G_物$
- $F_浮$____ $G_物$，悬浮
- $F_浮$____ $G_物$，下沉

比较液体_____和物体_____的关系
- $\rho_液$____ $\rho_物$，上浮
- $\rho_液$____ $\rho_物$，悬浮
- $\rho_液$____ $\rho_物$，下沉

（续上表）

任务二：

小组合作：把乒乓球、铝箔分别放入水中，要求：不能改变液体密度。

①观察它们在水中的状态；

②想办法把上浮的物体沉下去；

③把下沉的物体浮起来，要求：浮起来的物体上面加小番茄不沉，看看哪一组加的小番茄最多。

可用的器材有：水槽、水、盐水、针筒、小番茄。

现象及结论：

1. 乒乓球放入水中会（A. 上浮　B. 下沉）

如何改变乒乓球的浮沉？改变：＿＿＿＿＿＿。应用：＿＿＿＿＿＿。

2. 铝箔放入水中会（A. 上浮　B. 下沉）

如何改变铝箔的浮沉？改变：＿＿＿＿＿＿。应用：＿＿＿＿＿＿。

练习："山东舰"满载排水量为 $6.5 \times 104t$，满载时"山东舰"受到的浮力是多少？

任务三：项目式学习——自制密度计

器材：一根塑料吸管、少量陶泥、水、盐水。

步骤：

1. 如图 5-24 所示，把少量陶泥粘在吸管的一端，使陶泥粘稳在吸管上，作为密度计的底端。

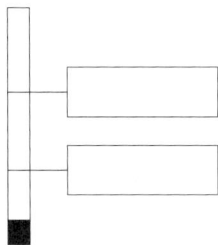

图 5-24

2. 将密度计分别插入水和盐水（$\rho_{盐水} = 1.1 \times 10^3 kg/m^3$）中，观察密度计的状态，等密度计静止，用分别用黑笔和红笔在液面的地方做个标记。

3. 密度计在盐水中比在水中会＿＿＿＿＿＿。（A. 上浮一些　B. 下沉一些　C. 不变）

4. 请在图 5-24 中的密度计上填写盐水和水的密度大小。

（续上表）

【课堂小结】 1. 物体的浮沉条件的判断。 2. 浮力的应用。 【课堂练习及作业】 见智慧作业。

（授课者：佛山市南海区桂城街道文翰中学陈铭仪　此课例为桂城街道名师示范课）

第四节　"内能"教学设计及课堂实况

1. 教材分析

本节知识为人教版《物理》九年级第十三章第 2 节内容，主要是在分子动理论知识的基础上，具体说明内能是物体内部的能量。与机械能相比，内能不直观、更抽象，学生难于直接接受和理解。首先，本节课通过联系学生已经学习过的动能和势能，帮助学生建立内能的概念；应用学生已有的知识和经验学习新的知识，符合学生的认知规律。其次，在此基础上引入热量的概念，讨论热传递对物体内能的影响。最后，提出另一种改变内能的方式——做功，为下一章的学习做铺垫。

2. 学情分析

九年级的学生已具备一定的运用所学知识解决简单问题的能力，基本能够运用观察、分析、归纳、比较等科学方法来探求新知识，且前面学过的有关分子热运动方面的知识为本节内容的学习提供了知识基础和有利的方法保证。学生在机械能的学习中，对动能和势能的产生有了一定的理解基础，通过类比法，学生更容易理解分子动能和分子势能的知识点。本节课的内容需要注重对事例的分析和实验分析，引导学生利用已学知识联系新知，通过宏观现象推理微观机制，从而认识内能、热量等抽象的新概念。

3．教学目标

物理观念：

（1）会用类比的方法建立内能的概念，能简单描述温度和内能的关系。

（2）知道热传递可以改变物体的内能。

（3）知道热量的概念和单位。

（4）知道做功可以使物体内能增加或减少的一些实例。

科学思维：通过对内能概念的理解，提升用类比法分析问题的能力。

科学探究：通过观察使学生能发现问题、提出问题，具有初步解决问题的能力。

科学态度与责任：知道物理学是对相关自然现象的描述与解释。

4．教学重点和难点

教学重点：

（1）了解内能的概念，简单描述温度和内能的关系。

（2）知道改变内能的两种方法，举出相关事例。

教学难点：

（1）用做功和热传递改变物体内能的本质。

（2）热量的概念。

5．学习流程（如图 5 – 25 所示）

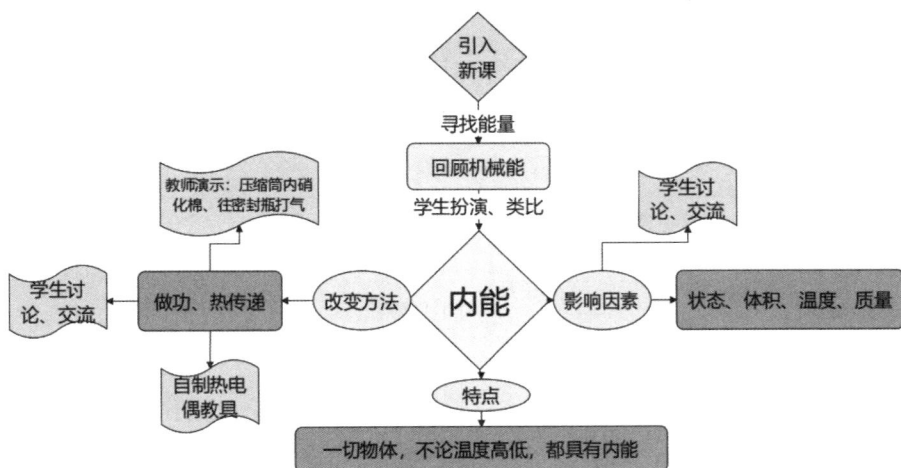

图 5 – 25　学习流程图

6. 教学活动设计

环节一：回顾机械能	
教师活动	学生活动
播放杭州第 19 届亚运会视频（马术、花剑、铅球比赛），让学生分析比赛项目中物体具有的能量；同时引导学生说说教室内各种物体具有的能量。	分析得出运动的物体具有动能，在高处的物体具有重力势能，发生弹性形变的物体具有弹性势能。 （1）讨论（马术比赛中的马的动能、花剑比赛中击中对方压弯花剑时的弹性势能、空中铅球的重力势能和动能等）。 （2）寻找教室内哪些物体具有这些能量。例如，悬挂在天花板上的电风扇、灯等具有重力势能；在教室走动的教师、转动的笔具有动能；按下签字笔时弹簧被压缩而具有弹性势能。

设计意图：

　　本环节由亚运会这一真实的体育运动情境引发学生对我国体育精神的关注，以寻找体育项目中的物体所具有的能量为问题进行驱动。同时，由运动会过渡到教室，将学生所处的环境作为第一个真实情境，引导学生通过近距离观察、思考，初步尝试沉浸式学习，唤醒学生对机械能的记忆，从距离和力两个角度分析物体具有机械能的种类和条件，为内能概念的提出搭好阶梯。

评价与反思：

	评价细则	师评	自评
作业评价	乐于思考，能与实际情境相联系	□优秀　□良好 □合格	□优秀　□良好 □合格
	独立思考，能分析运动会上以及教室内物体具有的能量	□优秀　□良好 □合格	□优秀　□良好 □合格
	语言组织表达能力	□优秀　□良好 □合格	□优秀　□良好 □合格
反思			

（续上表）

<table>
<tr><td colspan="2" align="center">环节二：认识内能的概念</td></tr>
<tr><td align="center">教师活动</td><td align="center">学生活动</td></tr>
<tr>
<td>（1）将教室想象成一个盛有水的玻璃杯，学生和老师是组成水的分子，引导学生扮演水分子。
（2）引导学生自主得出内能的概念，明确一切物体都具有内能。</td>
<td>（1）利用上节课所学的分子动理论，思考如何通过身体语言模拟水分子的无规则运动，引出分子具有动能。
（2）用弹簧、拉力器将学生之间的距离展示为分子间的作用力，类比得出分子势能。</td>
</tr>
</table>

设计意图：
　　将宏观现象和微观本质建立联系，学生通过角色扮演的方式进行知识的迁移，由分子动理论结合以前的机械能概念，认识到分子动能和势能的存在，并在此基础上建立内能的概念，符合学生认知能力水平。

评价与反思：

	评价细则	师评	自评
作业评价	能将宏观现象与微观本质相联系	□优秀　□良好 □合格	□优秀　□良好 □合格
	能运用分子动理论来演示水分子的运动	□优秀　□良好 □合格	□优秀　□良好 □合格
	总结归纳能力	□优秀　□良好 □合格	□优秀　□良好 □合格
反思			

<table>
<tr><td colspan="2" align="center">环节三：区分内能与机械能</td></tr>
<tr><td align="center">教师活动</td><td align="center">学生活动</td></tr>
<tr>
<td>提问：
（1）运动的足球具有什么能量？
（2）老师站在地面上静止，具有什么能量？</td>
<td>完成表 5-2：
表 5-2　机械能与内能的区别

类别	定义	存在情况	研究对象	相关因素	改变大小的方法
机械能					
内能					

</td>
</tr>
</table>

（续上表）

环节三：区分内能与机械能

设计意图：

　　创设情境，加深对内能的理解；设计表格，让学生更容易理解和区分机械能与内能。通过以上两个典型例子，让学生了解，机械能与整个物体的机械运动情况有关，而内能与物体内部分子的热运动和分子之间的相互作用情况有关，内能是不同于机械能的另一种形式的能。

评价与反思：

<table>
<tr><td rowspan="2"></td><td>评价细则</td><td>师评</td><td>自评</td></tr>
<tr><td></td><td></td><td></td></tr>
<tr><td rowspan="3">作业评价</td><td>结合生活现象，归纳物理规律</td><td>□优秀　□良好
□合格</td><td>□优秀　□良好
□合格</td></tr>
<tr><td>能分析以上两个情境中物体具有的能量</td><td>□优秀　□良好
□合格</td><td>□优秀　□良好
□合格</td></tr>
<tr><td>知道如何区分内能和机械能</td><td>□优秀　□良好
□合格</td><td>□优秀　□良好
□合格</td></tr>
<tr><td>反思</td><td colspan="3"></td></tr>
</table>

环节四：探究内能的影响因素

教师活动	学生活动
提问： （1）内能大小与什么有关？ （2）一座冰山和一小块加热的铁块，谁的内能大？ （3）一块0℃的冰融化成0℃的水时内能是否改变？ 教师总结： 内能的定义：组成物质的所有分子，其热运动的动能与分子势能的总和，叫作物体的内能。"所有分子"表明构成物质的分子数目（质量）会影响物体的内能；"热运动"指由于温度越高，分子运动越剧烈，因此温度影响物体的内能；"分子势能"表示分子间作用力大小与分子间距，而不同状态的分子间距不同，因此状态（体积）也会影响物体的内能。	（1）如图5-26所示，对一杯水加热时，水的温度越高，水内部分子运动越剧烈，内能越大。反之，温度越低，内能越小。因此推导出影响内能的一个因素是温度。 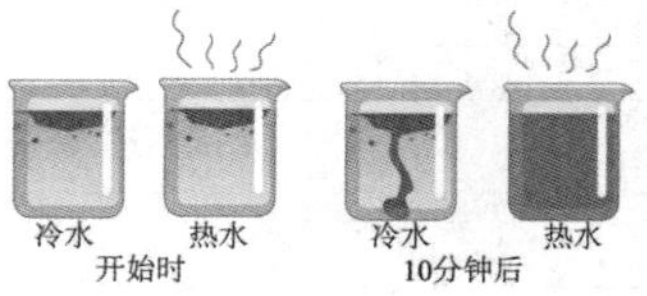 冷水 热水　　　冷水 热水 开始时　　　10分钟后 图5-26 （2）虽然铁块的温度比冰山高，但是铁块的分子比冰山少很多，因此冰山的内能更大，从而得到物体的内能跟物体的质量有关。 （3）因为0℃的冰融化成0℃的水时要吸收热量，体积变小，分子间的距离变小，作用力变大，所以水的内能变大。可见物体的内能跟物体的状态（体积）有关。

（续上表）

环节四：探究内能的影响因素

设计意图：

　　充分发挥学生能动性和积极性，通过讨论加深对分子动理论的理解。结合对水进行加热这一生活现象，归纳出相应的物理规律，然后应用，使知识的"来处"生动，"归处"灵动。真正让学生经历"从生活走向物理，从物理走向社会"的过程，这是学好物理的重要基础。

评价与反思：

	评价细则	师评	自评
作业评价	能准确运用分子动理论知识	□优秀　□良好 □合格	□优秀　□良好 □合格
	能结合生活现象，举例说明影响内能的因素	□优秀　□良好 □合格	□优秀　□良好 □合格
	总结归纳能力	□优秀　□良好 □合格	□优秀　□良好 □合格
反思			

环节五：改变内能的方法

教师活动	学生活动
（1）组织学生实验：将热电偶和显示屏相连，显示屏可显示热电偶的温度值，请同学们想办法把热电偶的温度升高。 （2）提问：这些改变热电偶内能的方法有什么不同？能不能进行分类？ （3）教师总结：第一种方法叫热传递，第二种方法叫做功。 归纳总结：热传递改变物体的内能实质上是能量的转移。发生热传递时，高温物体内能减少，低温物体内能增加。在热传递的过程中，传递能量的多少叫作热量。符号：Q；单位：焦耳（J）。 注意：热量只能在传递过程中出现，题目中只要出现含有多少热量的选项一律错误。	（1）进行思考，总结方法。 ①摩擦热电偶；②放入热水中；③放在太阳下晒；④酒精灯加热；⑤不停摇晃等。 （2）交流讨论：一种是用温度高的物体接触热电偶，另一种是通过摩擦、摇晃等动作升高热电偶的温度。展示用如图 5-27 所示的思维导图法进行分类： 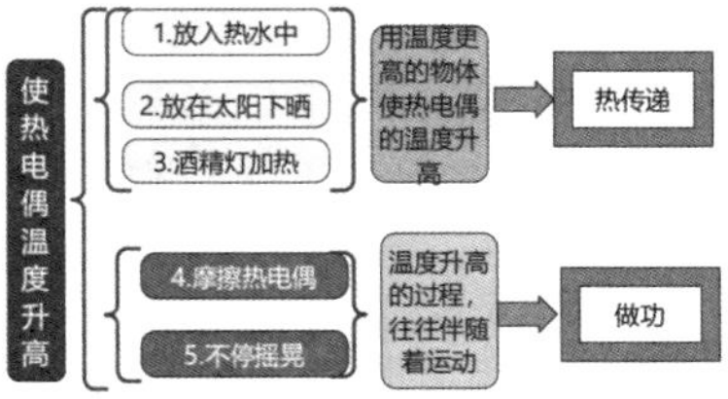 图 5-27 （3）举出生活中改变物体内能的例子。

（续上表）

环节五：改变内能的方法

<table>
<tr><td>（4）演示如图5-28所示的实验。 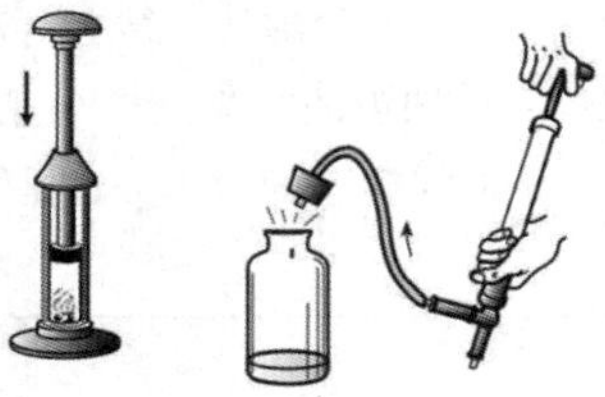

图5-28</td><td>（4）观察实验现象，解释现象发生的原因，并完成以下内容的填写。
　①向下压活塞，活塞对筒内的空气做功，空气的内能_____，温度_____，达到硝化棉的着火点，开始燃烧，产生火光。
　说明：外界对物体做功，物体内能_____，温度_____。
　②随着不断打气，瓶内气压越来越大，瓶塞跳出。瓶内气体对瓶塞做功，内能_____，温度_____，瓶内水蒸气_____成"白雾"。</td></tr>
</table>

设计意图： 　培养学生观察问题、总结现象的能力。在进行方法汇总时，尝试让他们进行分类，并说一说自己的分类方法，培养学生整理资料的能力。

评价与反思：

	评价细则	师评	自评
作业评价	独立思考，能想到将热电偶升温的方法	□优秀　□良好 □合格	□优秀　□良好 □合格
	能举出生活中改变物体内能的相应例子	□优秀　□良好 □合格	□优秀　□良好 □合格
	进行资料整理的能力	□优秀　□良好 □合格	□优秀　□良好 □合格
反思			

环节六：了解"温室效应"

教师活动	学生活动
指导学生阅读科学世界"地球的温室效应"的相关内容。	思考：根据材料内容并结合生活实际，说说温室效应对我们的生活环境有哪些影响，又有哪些应对策略。

（续上表）

环节六：了解"温室效应"

设计意图：

　　联系地球的温室效应这一社会热点，深入拓展应用，这是激发学生学习兴趣，培养学生创新意识，提升学生科学素质和人文素养的重要途径。同时，让学生认识到温室效应对地球的影响，感受到低碳环保的重要性。

评价与反思：

	评价细则	师评	自评
作业评价	能从材料中提取相关的信息	□优秀　□良好 □合格	□优秀　□良好 □合格
	结合生活实际，能列举温室效应对我们生活的影响	□优秀　□良好 □合格	□优秀　□良好 □合格
	可以提出应对全球变暖的相应措施	□优秀　□良好 □合格	□优秀　□良好 □合格
反思			

板书设计：

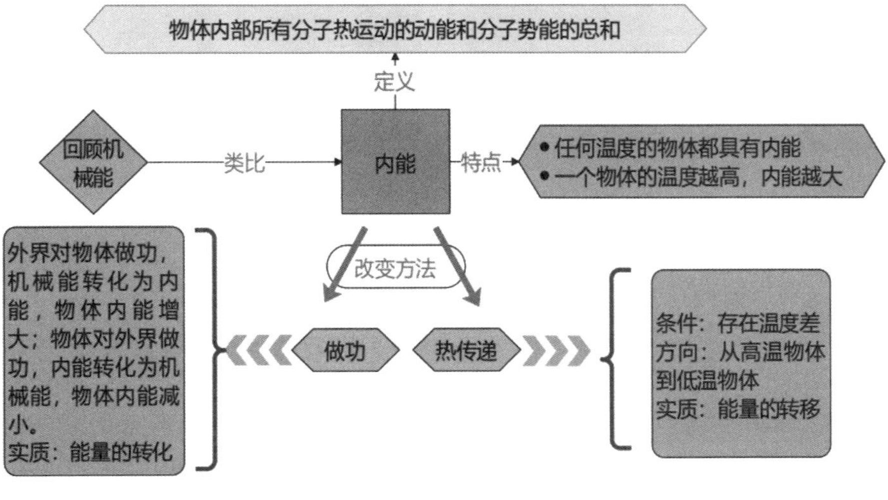

7. 特色学习资源、技术手段及其应用说明

（1）希沃平台。

①分组竞争功能：项目内容飞快下落，看看在时间用完之前能答对多少，可以根据本班学生的能力水平设置相应的时间。该竞争方式能有效激发学生学习热情，且在互动后会显示每个人的答题情况，教师可以及时看到学生本节课掌握该知识点的程度。

②判断对错功能（如图 5 - 29 和图 5 - 30 所示）：限时的竞争机制更能让学生代入，激发学生的荣誉感，在活动中学习。

图 5 - 29

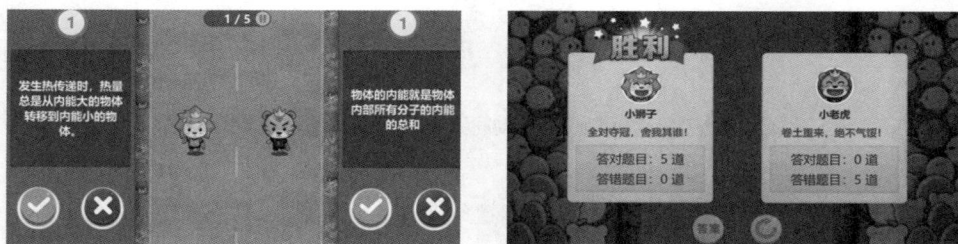

图 5 - 30

（2）虚拟仿真实验平台。

推进现代信息技术融入实验教学项目，拓展了实验教学内容的深度和广度。通过演示空气推动塞子的实验（如图 5 - 31 所示），学生可以"观察"到分子的热运动愈发剧烈，随着气压的不断增大，分子的内能转化为塞子的动能。该仿真实验罗列了清晰的实验目的、实验原理、实验器材、实验步骤以及实验结论。

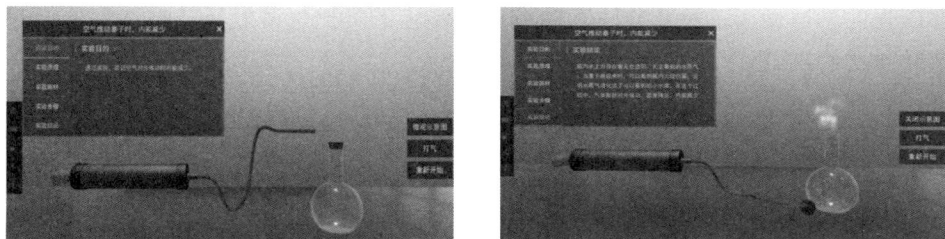

图 5 – 31

（3）粤教翔云数字教材应用平台。

①在该平台上的"教材天地"栏目，打开可以直接利用画笔功能，提醒学生在课本上标记重要的概念。

②资源开关功能，有一个视频按钮，打开可以直接观看地球的温室效应对应的视频资源。

（授课者：佛山市南海区桂城街道文翰中学曾美丽）

第五节　"液体的压强"教学设计及课堂实况

1. 教材分析

本课选自苏科版《物理》八年级下册第十章第二节，这节内容是继压力、压强之后，大气流体压强之前的内容。研究液体压强，既是压强知识的延伸拓展，又是学习大气压强和浮力知识的基础与铺垫，对前后知识有着承前启后的作用。通过前一节"压强"的学习，学生已经基本掌握固体压强的计算。而液体压强公式 $p = \rho g h$ 是初中物理的重点和难点，也是中考考核内容之一，后面学习连通器、浮力要以本节知识为基础，同时，液体压强在生活、生产和现代高科技领域有广泛的应用。因此本节课的教学重点是理解液体内部压强的规律和公式，难点是液体内部压强只与液体密度和深度有关。

2. 学情分析

八年级的学生学习热情高，对物理学科未知的知识充满好奇心。同时在日常生活中经常接触到液体压强的有关现象，但停留在经验性认识，不知道其内在的原因和知识原理。他们在上一节已经学习了压强的概念，对压力的作用效果有一定的认识，在实验过程中也理解控制变量法和转换法的作用，为液体内部压强的学习做了铺垫，在学习过程中有一定的类比过渡效果，需加深他们对探究方式的理解。

3. 教学目标

物理观念：在生活和实验现象中感受液体压强，了解液体压强的特点。

科学思维：能通过构建模型推导液体压强公式。

科学探究：通过实验探究液体压强大小的影响因素。

科学责任与态度：在学习中了解我国载人潜水器的发展，培养学生的民族自豪感。

4. 教学重点和难点

教学重点：

（1）实验探究液体压强的影响因素。

（2）利用液体压强公式进行简单运算。

教学难点：液体压强公式的推导。

5. 学习流程（如图5-32所示）

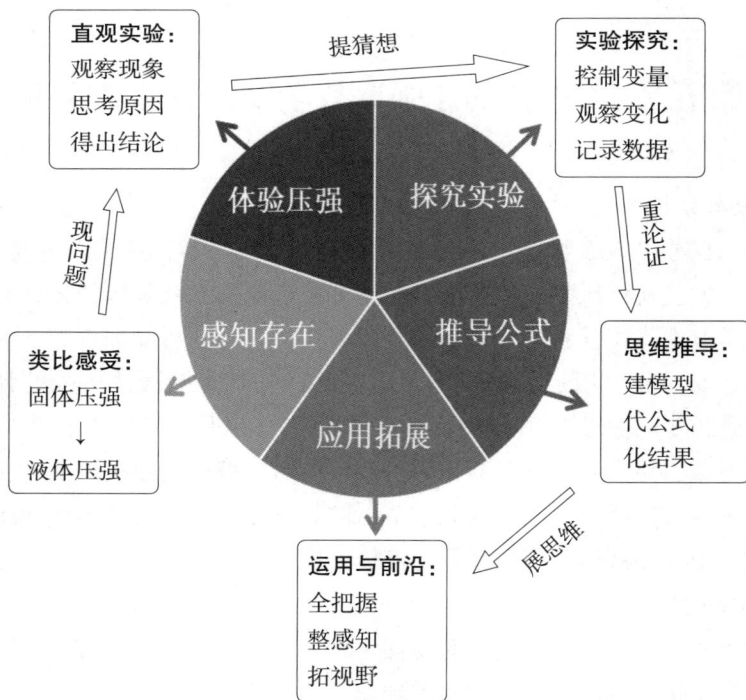

图5-32　学习流程图

6. 教学活动设计

教学环节	教学内容	教师活动	学生活动	可视化手段	设计意图
导入	对比如图 5 - 33 所示两个小实验，激发学生的好奇心。 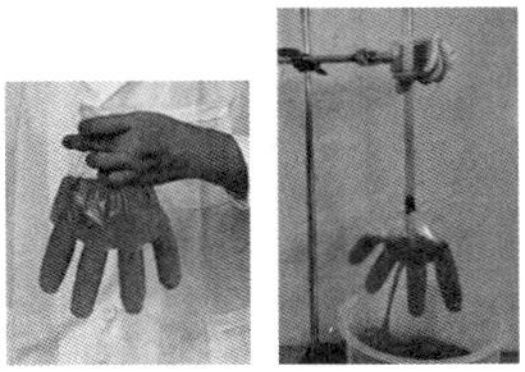 图 5 - 33	进行实验： 实验一：塑料手套灌水； 实验二：加一根长管灌水。	观察实验现象，调整状态准备上课。	通过实验，调动学生学习兴趣，将情感可视化。	创设情境问题激趣。
问题学习	观察如图 5 - 34 所示瓶子对杯子的压强过渡到水对杯子的压强。  图 5 - 34	提问：瓶子对杯底有压强，液体对杯子有压强吗？	思考液体对杯子的压强，以及如何观察。	利用动画，类比学习，将方法可视化。	通过学习固体压强的方法延伸到学习液体压强。
视频学习	观看如图 5 - 35 所示的四个小实验，得出液体是否存在压强。 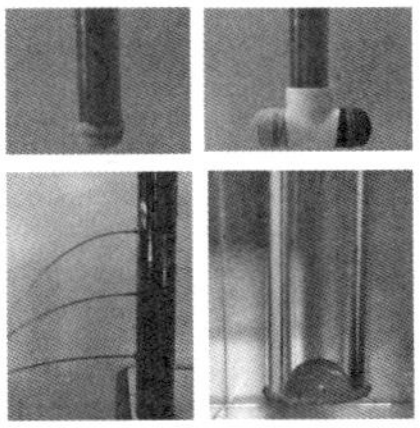 图 5 - 35	进行四个实验，并阐明原因。	通过观察橡皮膜的形变情况，感受液体压强的存在。	利用实验视频，观察橡皮膜形变情况，将压强直观呈现。	简单实验，感知存在。

（续上表）

教学环节	教学内容	教师活动	学生活动	可视化手段	设计意图
问题引导	根据实验现象，学生思考提问。	给出实验图片，提出问题，引导学生思考提问。	思考橡皮膜形变程度不同的原因并提出问题。	图片呈现小实验，将问题可视化。	引导思考，提出问题。
提出问题	播放学生提问录音。	倾听学生提问。	学生提问。	录音呈现，将探究问题可视化。	明晰探究目的。
探究实验	认识如图5-36所示液体压强计。 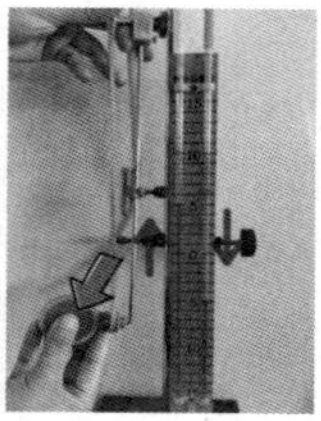 图5-36	通过动画，介绍压强计构造。	了解压强计，根据问题思考其工作原理。	操作视频和讲解，将工具使用原理可视化。	介绍工具使用方式和转换法。
	探究实验。	进行实验。	记录数据，思考结论。	直接呈现实验，将过程可视化。	根据实验得出真实数据。
	得出实验结论。	总结实验结论。	了解结论，思考裂桶实验。	将实验结论可视化。	通过了解物理学史，加深对液体压强特点的理解。

（续上表）

教学环节	教学内容	教师活动	学生活动	可视化手段	设计意图
公式推导	如图 5-37 所示，定量研究液体压强的大小。 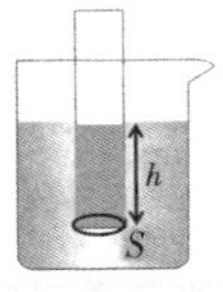 图 5-37	推导液体压强公式。	思考并动手推导。	通过图片呈现，将推导的过程可视化。	通过图片引导，结合上节课的知识，顺利推导。
公式应用	认识公式中的物理量并进行简单计算。	介绍公式中的物理量，给出题目。	了解公式并进行计算。	将检测学生掌握情况可视化。	认识公式，应用公式，便于学生掌握知识。
知识拓展	介绍我国深海载人潜水器。	介绍"奋斗者"号在深海领域的探索贡献。	观看视频，了解载人潜水器的进步。	通过视频，将科技进步成果介绍可视化。	通过了解载人潜水器，提升学生的民族自豪感。
课堂总结	总结本节课学习的内容。	进行知识梳理并板书。	与教师一起进行知识梳理。	通过列树状图，将知识可视化。	通过总结，让学生对所学的知识有整体把握。
课后作业	布置作业。	布置作业。	了解并完成作业。		巩固所学的知识。

（续上表）

教学反思
在《义务教育物理课程标准（2022 年版）》学科理念和学科核心素养指导下，结合教学目标达成、教学活动组织、重难点突破等，反思如下： 　　1. 符合学科育人理念，关注科技发展。运用丰富的可视化手段和交互方式，使学生从实验中体验物理学科的真实性、操作性和趣味性。同时在课堂中插入与课程相关的科技发展成果介绍，让学生学到知识的同时，增加民族自豪感，了解该知识在社会中的应用，拓宽学生的视野，体现"从生活到物理，从物理到社会"的课程理念。 　　2. 围绕课程核心素养进行设计。通过大量的"观察实验现象得出结论"环节，培养学生的观察思考能力、逻辑思维能力和语言组织能力。通过提问的形式，将考点问题化，引导学生思考，在一想一答的过程中突破考点。

　　附：学习任务单

课前学习任务
查阅中国深海载人潜水器"奋斗者"号的相关资料，形成初步认识。
课上学习任务
【学习任务一：感受液体压强】（难度★）

甲　　　　　　　　乙　　　　　　　　丙

图 5－38

　　（1）如图 5－38 所示，甲、乙图中瓶子对容器底部_____压强（填"有"或"无"），可以通过观察_____知道。

　　（2）思考丙图，利用_____，知道液体对容器底部_____压强（填"有"或"无"）。

（续上表）

【学习任务二：体验液体压强（利用橡皮膜）】（难度★★）

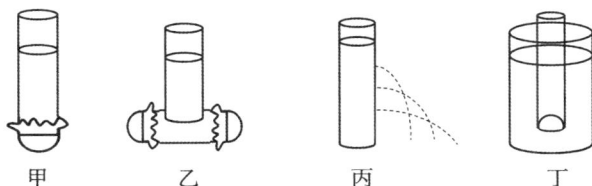

图 5 - 39

演示实验：橡皮膜发生形变，说明了什么？

（1）如图 5 - 39 甲图说明液体对容器_____有压强。

（2）如图 5 - 39 乙、丙图说明液体对容器_____有压强。

（3）如图 5 - 39 丁图说明液体内部有_____的压强。

液体压强的产生原因：①_____；②_____。

【学习任务三：探究液体压强的特点】（难度★★★）

（1）认识液体压强计（如图 5 - 40 所示）。

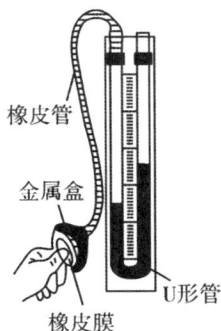

图 5 - 40

构造：U 形管、橡皮管、扎有橡皮膜的金属盒探头。

工作原理：当_____探头放入液体中时，薄膜受到液体的压强，导致 U 形管两侧液面产生_____，高度差越大，说明薄膜受到的压强越_____。该研究方法是_____。

思考：

实验前，小聪对压强计做了检查：当用手指按压（不论轻压还是重压）橡皮膜时，发现 U 形管两边液面的高度几乎没变化，出现这种情况的原因可能是_____。

（续上表）

（2）探究液体压强大小与什么因素有关。

①探究液体压强大小与方向的关系，如表5-3所示：

表5-3　液体压强大小与方向的关系

次数	液体密度	深度	方向	U形管液面高度差
1				
2				
3				

结论：_____

②探究液体压强大小与深度的关系，如表5-4所示：

表5-4　液体压强大小与深度的关系

次数	液体密度	深度	方向	U形管液面高度差
1				
2				
3				

结论：_____

③探究液体压强大小与液体密度的关系，如表5-5所示：

表5-5　液体压强大小与密度的关系

次数	液体密度	深度	方向	U形管液面高度差
1				
2				
3				

结论：_____

（续上表）

【学习任务四：推导液体压强的公式】（难度★★★）

如图 5 – 41 所示：

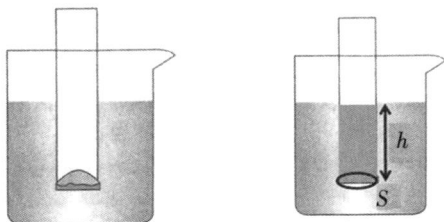

图 5 – 41

水深 h 处橡皮膜受到的液体压强为 p _____，管内水柱对橡皮膜产生的压强为 $p_内$。

$$p_内 = \frac{F}{S} = \frac{G}{S} = \frac{\quad}{S} = \frac{\quad}{S} = \frac{\quad}{S}$$

化简得：$p = p_内 = $ _____

同理，若其他液体密度为 $\rho_液$，则

$p = $ _____

推荐的学习资源

CCTV – 1《加油，向未来》大型科普节目（裂桶实验）

（授课者：佛山市南海区南海实验中学郭倩婷）

第六节　"二力平衡"教学设计及课堂实况

1. 教材分析

"二力平衡"是人教版《物理》八年级下册第八章第 2 节的内容。二力平衡的知识是继学生了解力的概念，探究"牛顿第一定律"知识后的延续，是牛顿第一定律研究的需要和补充；同时，本节知识的学习和应用，也为后面学习力学奠定了知识基础，做好了思路和方法上的准备。因此，本节知识是联系

新旧知识的纽带，在力学中起着承上启下的作用，是解决力学问题的理论基础。

2．学情分析

知识技能方面：学生在第七章中已学习力的概念，了解了相互作用的力的大小关系，通过本章前一节的教学，学生对牛顿第一定律知识已有了一定的了解，从而能够梳理物体的力与运动的关系。

心理方面：八年级学生对很多关于力学的科学问题有很浓的兴趣和求知欲，物理与生活紧密联系，学生很想探究这些问题。

3．教学目标

物理观念：知道什么是二力平衡并理解二力平衡的条件。

科学思维：分析静止或做匀速直线运动的物体在竖直方向或水平方向的受力及其大小关系。

科学探究：通过研究二力平衡条件的实验，培养学生的观察能力和实验能力；通过对二力平衡条件的应用，培养学生分析问题、解决问题的能力。

科学态度与责任：通过观察生活中的平衡现象，初步领略自然现象中的美妙与和谐，培养对科学的热爱和对我们的生存空间的探索欲望。

4．教学重点和难点

教学重点：理解二力平衡的条件。

教学难点：分析静止或做匀速直线运动的物体在竖直方向或水平方向的受力及其大小关系。

5．教学方法

①直观演示法；②小组合作讨论法；③多媒体展示。

6．教学工具

实验器材：小车、钩码、细线、铁架台、滑轮、小卡片、滑板、绳子。

多媒体辅助工具：希沃助手、PPT 课件、视频。

7．教学过程设计

教学环节	课堂活动	设计意图	信息技术使用及分析
课前热身	1．手平放在桌面上，如图 5 - 42 甲和乙所示，用力推或拉，使手在桌面上运动，有什么感觉？ 2．手平放在桌面上，如图 5 - 42 丙所示，一只手压在另外一只手上面不动，使手在桌面上运动，有什么不同感觉？ 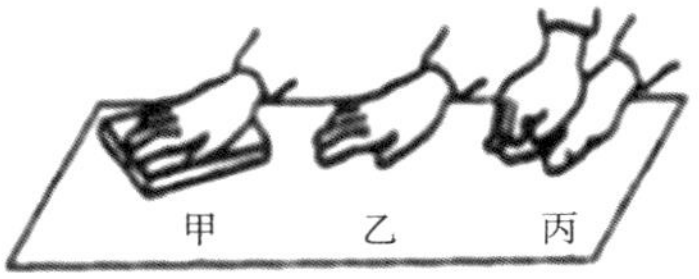 图 5 - 42	学生还没学摩擦力，让学生感受阻力，从而为后面学习二力平衡分析物体受力做铺垫。	运用智慧课堂分组功能，让学生自动点击进入小组，快速分组，利用人气选择，每组推出一个同学为组长。
课前小测	1．作出如图 5 - 43 所示静止在桌面的书本所受力的示意图。 2．作出如图 5 - 44 所示悬挂的电灯所受力的示意图。 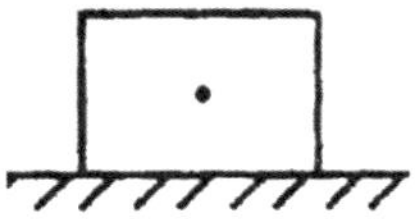 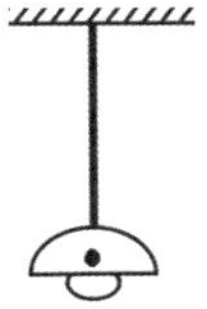 图 5 - 43　　　　图 5 - 44	让学生回顾受力分析的方法，了解常见处于平衡状态物体受力的分析。	利用智慧课堂限时功能进行限时课前小测，选择评测出题—主观题，让学生完成后拍照上传，反馈完成的情况，了解学生的学情。
导学达标	导学目标一：平衡状态和二力平衡 1．过渡。 回顾牛顿第一定律：一切物体在没有受到力的作用时，总保持匀速直线运动状态或静止状态。 问：生活中有没有受到力的作用且又能保持静止或匀速直线运动状态的物体呢？	PPT 展示本课教学目标，让学生有目标有计划地进行学习。	

（续上表）

教学环节	课堂活动	设计意图	信息技术使用及分析
导学达标	2. 举例。 （1）静止在桌面的书本，如图5-45甲和乙所示的受力分析。 （2）匀速直线运动的汽车，如图5-46甲和乙所示的受力分析。 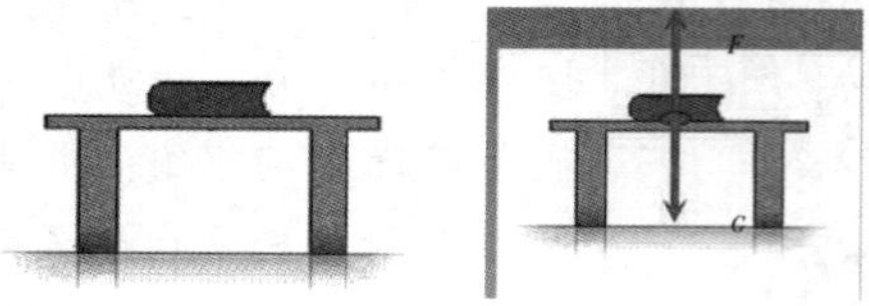 甲　　　　　乙 图5-45 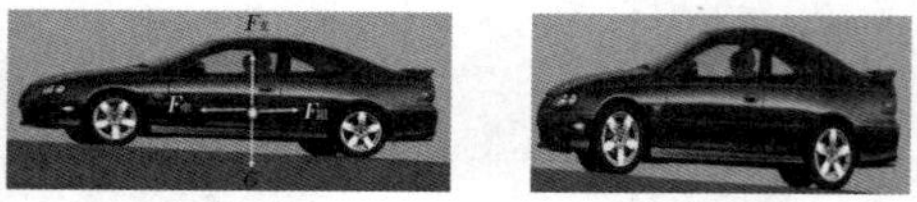 甲　　　　　乙 图5-46 它们受到几个力的作用，此时这几个力的作用效果相互抵消，相当于不受力的结果，合力为零。 3. 总结。 （1）物体在几个力的作用下处于静止或匀速直线运动状态，我们就说该物体处于平衡状态。 板书： 平衡状态 $\longrightarrow$ { 1. 静止状态 $\longrightarrow$ 　　　　　　　{ 2. 匀速直线运动状态 $\longrightarrow$ 受力为平衡力 （2）当物体在两个力的作用下处于平衡状态时，就称作二力平衡。举例如图5-47甲、乙、丙三图所示，让学生再分析。	受力分析是本节课的关键知识储备，加强学生分析能力和用旧知识来理解新知识的能力。	利用智慧课堂的抢答功能和动态大屏幕功能，让学生积极参与课堂。 利用PPT放映归纳平衡的两种状态，出示图片让学生走入生活情境，实物分析受力的情况。

（续上表）

教学环节	课堂活动	设计意图	信息技术使用及分析
导学达标	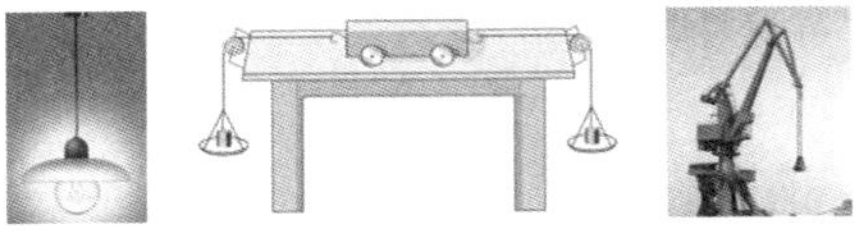 甲　　乙　　丙 图 5－47 导学目标二：探究二力平衡条件 1. 介绍实验装置和实验中要解决的问题。 2. 让学生一起进行实验探究。 实验一：两边挂不同数量的钩码，观察小车的运动情况，如图 5－48 所示。  图 5－48 在书本表格中记录实验结果。 实验二：两边挂相同数量的钩码，如图 5－49 所示，观察小车的运动情况。  图 5－49 在书本表格中记录实验结果。 实验三：两边挂相同数量的钩码，旋转小车角度，如图 5－50 所示，观察小车的运动情况。	分步进行实验，让学生清晰了解实验研究的内容与方法，以问题为引领，层层深入，最终归纳出二力平衡的条件。 根据实验记录表格，让学生形成边实验边记录，寻找普遍规律的良好习惯。	利用希沃助手的移动展台功能，把实验过程视频投放在大屏幕上，增加实验的可视性，每位同学都能看清整个实验过程。 利用智慧课堂随机抽号功能，检查学生的归纳能力及记忆的速度。

（续上表）

教学环节	课堂活动	设计意图	信息技术使用及分析
导学达标	在书本表格中记录实验结果，引导学生总结小车在水平方向上互相平衡的两个力的特点：大小相等，方向相反，作用在同一直线上。  图 5－50 问：互相平衡的两个力还有什么特点？如果这两个力作用在不同的物体上，力的作用效果能不能互相抵消呢？ 实验四：探究二力平衡是否作用在同一物体上 如图 5－51 甲和乙所示，用剪刀把纸片剪开，观察它的运动情况。 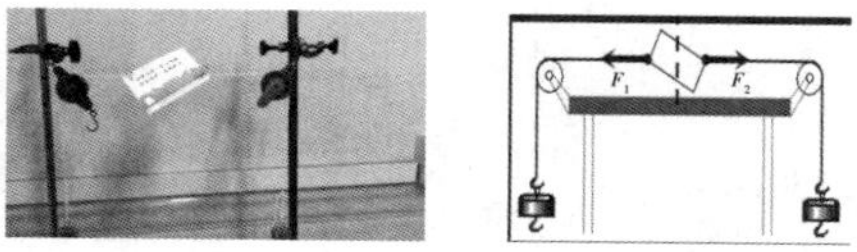 甲　　　　　　乙 图 5－51 结论：作用在不同物体上的两个力不能平衡。 总结板书二力平衡的条件： 二力平衡的条件 { 大小相等　方向相反　作用在同一直线上　作用在同一物体上 实验评估分析：（1）摩擦力对实验的影响。	学会分析评估实验中可能出现的问题及原因，从而更好地进行物理规律的探究，培养学生细致观察和思考的能力。 用剪刀剪开小纸片，探究两个力作用在不同的物体上会不会保持平衡状态。	利用智慧课堂随机抽号功能，检查学生运用知识的能力。 利用智慧课堂评推送板书的功能，把核心重难点知识推送给学生，便于课后做笔记，节约课堂时间，提高效率。

（续上表）

教学环节	课堂活动	设计意图	信息技术使用及分析
导学达标	实验五：如图 5 - 52 甲和乙所示，用木块代替小车或纸片，加重木块受到的压力，一边挂两个钩码，一边挂一个钩码，木块仍处于静止状态，证明木块受力平衡。 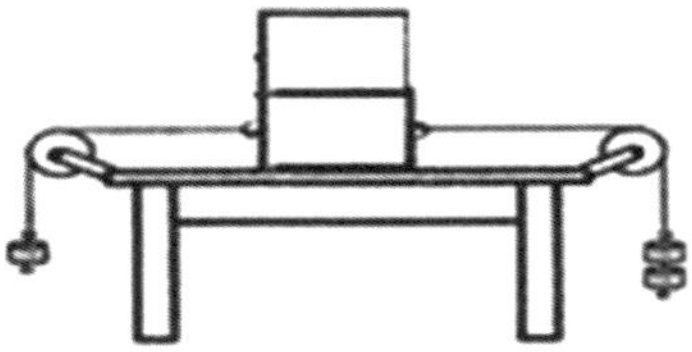 甲 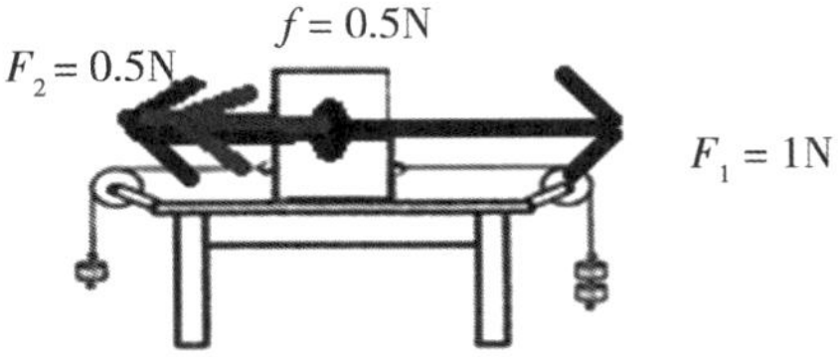 $f = 0.5\text{N}$　$F_2 = 0.5\text{N}$　$F_1 = 1\text{N}$ 乙 图 5 - 52 问：这与互相平衡的两个力大小相等是否矛盾呢? 引导学生对木块进行受力分析，三力平衡，与实验结论不矛盾。 为了使实验结果更具有普遍性，尽量减少摩擦对实验的影响。 （2）如何改变拉力的大小：改变钩码的数量。 导学目标三：二力平衡的应用 　　1. 测重力的大小。 　　2. 测摩擦力的大小。 　　3. 利用二力平衡的条件求另一个力。 　　例　如图 5 - 53 所示，直接用手以 5m/s 的速度匀速向上拉起 100N 的物体，所需拉力	学以致用，让学生充分体会知识的重要性。	利用智慧课堂评推送板书的功能，把核心重难点知识推送给学生，便于课后做笔记，节约课堂时间，提高效率。

（续上表）

教学环节	课堂活动	设计意图	信息技术使用及分析
导学达标	大小是____N；如果以5m/s的速度水平方向匀速拉动物体，所需拉力大小是____N。 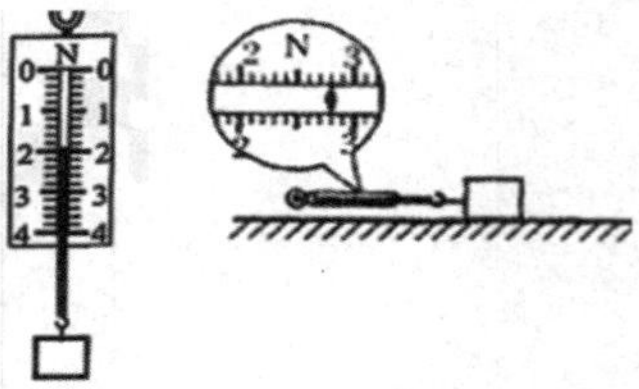 图5－53 练习： 1. 静止悬挂的电灯，$G=20\mathrm{N}$，电线的拉力$F=$____N。 2. 匀速运动的拖车，$F_{牵}=1.5\times10^{5}\mathrm{N}$，$f_{阻}=$____N。 导学目标四：力和运动的关系，相互作用力与平衡力 1. 梳理力与运动关系，如图5－54所示。 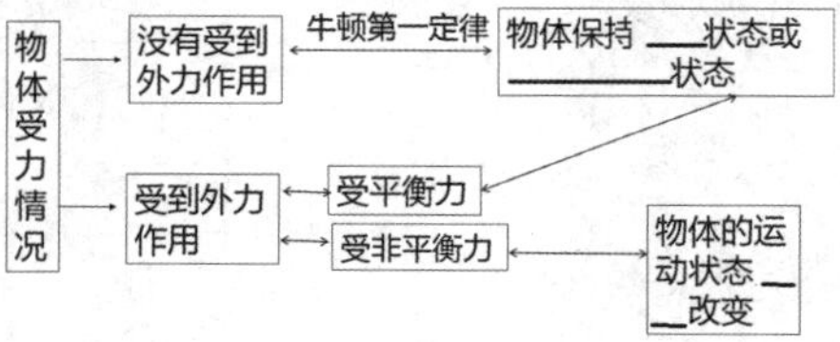 图5－54 2. 举例说明相互作用力，如图5－55所示。 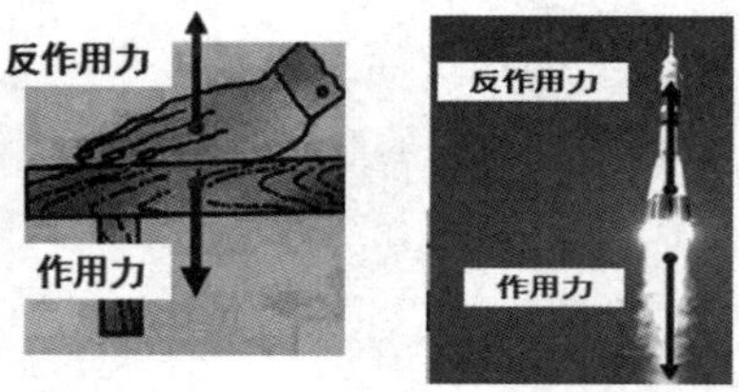 图5－55		

（续上表）

教学环节	课堂活动	设计意图	信息技术使用及分析
导学达标	3. 学生互动，感受拔河中的力学关系。 活动一：两人在滑板上拔河，观察他们的运动情况。 活动二：老师站在地上与一学生拔河，结果轻松取胜。 引导学生从相互作用力和平衡力进行受力分析，得出拔河输赢的关键。 总结：平衡力与相互作用力的区别（如表5-6所示）。 表5-6　一对平衡力和相互作用力的比较 		

表 5-6 中的比较表：

		平衡力	相互作用力
	实例		
相同点	大小	大小相等	
	方向	方向相反，并且在同一条直线上	
不同点	作用点	同一物体上	不同物体上
	效果	能相互抵消	不能相互抵消
	存在性	互相独立	同时变化

（续上表）

教学环节	课堂活动	设计意图	信息技术使用及分析
课堂小结	用思维导图来归纳小结，如图5-56所示。 二力平衡 ┤概念：如果一个物体在两个力的作用下，保持静止状态或匀速直线运动状态，就称作二力平衡。 条件 ┤作用在同一个物体上（同体）／大小相等（等大）／方向相反（反向）／作用在一条直线上（共线） **图5-56**		利用智慧课堂评推送板书的功能，把核心重难点知识推送给学生，便于课后做笔记，节约课堂时间，提高效率。
达标测评	1. 学生5分钟内完成以下达标测试。 2. 小组讨论答案，拍照上传反馈完成情况。 3. 学生代表分析第2题解决问题的知识与方法。 达标测评内容： 1. 如下所示，属于二力平衡的是（ 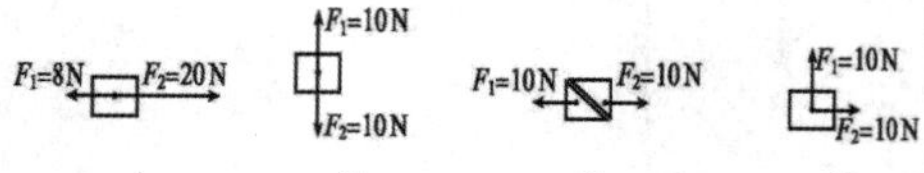　　） A　$F_1=8N$　$F_2=20N$ B　$F_1=10N$　$F_2=10N$ C　$F_1=10N$　$F_2=10N$ D　$F_1=10N$　$F_2=10N$ 2. 如图5-57所示，当电灯静止时，下列说法中正确的是（ 　　） A. 电灯对电线的拉力与电线对电灯的拉力是一对相互作用力 **图5-57** B. 电灯对电线的拉力与电线对电灯的拉力是一对平衡力 C. 电灯对电线的拉力与电灯所受的重力是一对平衡力 D. 电灯对电线的拉力与电灯所受的重力是一对相互作用力	检查学生学习和运用知识的情况，为学生搭建一个互相学习、互相质疑的良好学习氛围。	利用智慧课堂评推送附件的功能，把达标测试内容发给学生，根据个人完成速度进行限时测试，克服播放PPT达标测评的不足和学生完成速度不同等问题。

（续上表）

教学环节	课堂活动	设计意图	信息技术使用及分析
达标测评	3. 在探究"二力平衡条件"的实验中： （1）当物体处于静止状态或_____状态时我们认为它受到的力是相互平衡的。 （2）如图5-58甲所示，在实验中，调整砝码质量是为了探究二力平衡时，两个力满足_____的条件。 （3）实验中，保持砝码质量相等，用手将木块扭转后松手，使小车无法在此状态静止，是为了探究二力平衡时，两个力满足_____的条件。 （4）图5-58乙中的小卡片已处于静止状态，小明实验中设计这一步骤是为了探究二力平衡时，两个力必须满足作用在同一物体上，他下一步应怎么操作？_____。 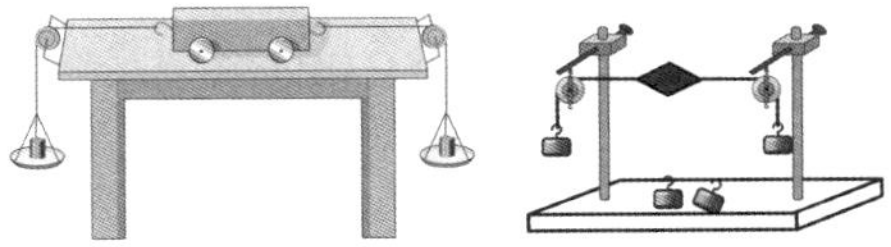 甲　　　乙 **图5-58**		用评测出题—主观题，学生完成后拍照上传，反馈完成的情况，了解学生的学情，找出学生疑惑点，集中讨论解决，有的放矢。
教学反思	本节课教师通过希沃助手制作精美课堂，利用智慧课堂的"评测"功能，在重难点学习成果检验环节，通过全班作答设计测试题目，帮助学生更直观地感知学习内容，了解自身掌握情况，大大提高课堂的实效性。本节课还利用了智慧课堂自带的小组合作记分功能，调动学生学习的积极性，调整课堂节奏，提升教学效率。在课堂中教师还利用抢答、拍照上传、动态大屏幕、静态大屏幕、随时抽号、倒时计等功能，教学环节全流程互动，实时掌握学生的学情，教学效果良好。		
德育渗透	观看视频《出彩中国人：钟荣芳羽毛与木条极限的平衡》，了解平衡的重要性，建议学生全面发展，不能在生活中失衡。		
板书设计	如图5-56所示。		

（授课者：佛山市南海区西樵镇西樵中学冯冬）

第六章　自制教具应用于物理课堂效果评价

为研究自制教具的使用效果，我们分别在佛山市南海区桂城街道文翰中学、佛山市南海区桂城街道平洲二中、佛山市南海区南海实验中学、佛山市南海区西樵中学、佛山市三水区芦苞镇龙坡中学、茂名市高州中学初中部等学校进行了部分教具的实践教学，笔者去了新疆师伽、四川成都和广东清远、茂名、恩平、潮州、梅州等地利用自制教具开展实验教学示范课和讲座。各地方学校物理教师和学生对于用自制实验教具上实验课非常欢迎，评价很高，每次教室都坐满了听课的教师，会后都会有许多教师留下来跟笔者交流经验，分享制作教具的心得体会。笔者也得到了实践效果的反馈评价。

第一节　实践学校物理组教师评价

各实践学校的物理组教师是物理教学的实践者，有着丰富的教学经验。他们作为课题组实践教学的观摩者与参与者，最有资格对使用自制教具的实践课堂进行评价。笔者通过访谈的方式，获取了教师们对教具使用的评价。

访谈目的：了解物理教师对应用自制教具培养学生物理核心素养的看法，对课题组自制教具的实践情况进行评价反馈。

访谈对象：实践学校物理组组长及听过笔者示范课和讲座的听课教师。

访谈内容：自制教具与实验室教具的实验效果对比、自制教具在更多教学环节中的应用情况、自制教具在学生物理核心素养的培养中发挥的作用及对自制教具用于教学实践的综合评价。

访谈总结：

问题一：自制教具与实验室教具相比，哪个实验效果更好？

关于这个问题，老师们说，实验室的教具确实存在许多不足之处。他们认为课题组针对实验室教具不足而设计制作的这几个教具，实验现象明显，效果好，改进很成功。几位教师还分别对课题组设计改进的几个教具进行了评价。

一位物理组组长说道："关于光的反射的三线共面问题的探究，用实验室教具演示不出来，而自制教具却能实现这一点。将一个平面固定安装在圆筒里，一半固定，另一半可以活动，观察共面，设计十分巧妙，操作简单方便。"

关老师说："在探究杠杆平衡的实验中，以前我们都是在杠杆水平平衡时直接读出力臂的大小，但由于支点到力的作用点的距离跟支点到力的作用线的距离重合，容易让学生混淆力臂的定义，不利于学生准确地理解力臂的概念和掌握正确画出力对应力臂的方法。而你对实验进行了改进，改良为能绕支点转动的刻度尺，当刻度尺与力作用线垂直时，就可以读出力臂大小。它的优点在于既能探究杠杆在水平位置平衡，又能探究杠杆在非水平位置平衡。杠杆倾斜时，由于力臂不在杠杆上，难以显示出来，这时候利用激光笔显示了力的作用线，然后调节能绕支点转动的尺子，当尺子与光路垂直时，就能测出力臂大小，对学生理解力臂概念和作其力臂都有很大的帮助，效果很好。你们年轻人脑子活，我们应该多向你们学习。"

我校青年教师陈美丽参加比赛获奖后说："你不仅对实验室已有的教具进行了改进，还设计制作了实验室没有的教具。比如那个酒精传感器动态电路演示仪教具，做得就非常好。以前我上'欧姆定律'的课都是讲例题，学生对于交警抓酒驾的工具根本就不了解，这次借用了你做的教具上课，学生的注意力被教具吸引过来，课上表现得都很积极，课堂效果非常好。"

问题二：除了实验教具，课题组还制作了许多用于情境体验和原理应用的教具，将教具应用在了更多的教学环节当中。各位老师都听过课题组成员讲课，你们认为课堂实施效果如何？

老师们都认为自制教具应用于课堂的效果挺不错的，而且学校提倡体验式的教学方式，我们设计制作的这些教具，正好符合这一教学理念，极大地丰富了学生对于体验的需求。将自制教具巧妙地应用于教学的各个环节，充分调动了学生学习的积极性，课堂氛围比较活跃。

下面是几位老师的具体评价。

一位物理组组长说："你将自制教具应用到了课堂教学的各个环节，导入也有，知识应用也有。比如'浮力的应用'那一节，你用自制的小实验——会自动浮沉的乒乓球进行导入。让学生从观察到的现象中认识物体浮沉的条件。在探究环节，你也是用自制教具进行的实验，效果非常好。在应用规律、联系生活环节，你又制作自动遥控潜水艇的教具，让学生现场体验潜水艇的工作原理，感受生活中的潜水艇。最后作业布置环节，你利用自己制作的密度计，并介绍了密度计的制作过程，让学生回家用身边物品自己动手制作一个密度计。整节课下来，课堂内容丰富有趣，又将知识运用延伸到课下，充分调动了学生的学习积极性。"

吴老师说："你们课题组的老师不仅把课本上的一些实例做成了实物教具，还补充了许多小实验、小制作，几乎每节课都会有自制的教具应用到课堂中。可见你们课题组老师非常用心，也有想法、有创意。学生自己动手做，学到的知识比老师强调了几遍的都印象深刻。你用实物创设情境，比我们用语言说效果要好很多。学生对那个东西感兴趣，就愿意听，愿意去探索。如果老师一直讲，学生会感到乏味，就容易走神。"

陈老师说："我们班学生跟我说，人家老师上课都拿着自己做的教具，多好玩，你也做呗。自制的教具，学生都非常感兴趣。"

问题三：课题组用自制教具培养学生物理核心素养方面做得如何？

老师们都认为，自制教具在激发学生学习兴趣，培养学生动手能力、合作能力、创新能力等方面具有积极的作用。他们也都非常认同课题组设计运用自制教具有意识地培养学生核心素养的做法。

一位物理组组长总结说："我们都知道要在教学中培养学生的核心素养，但在课堂中如何落实，对广大教育者来说，是一个难题。而你们课题组的老师充分挖掘自制教具的更多功能，以自制教具为载体，落实对学生核心素养的培养。你们一是设计自制教具，多角度全方位地演示现象，丰富学生对现象的认知；二是将一些实例设计做成教具，进行体验式教学；三是鼓励学生动手做，培养学生的动手能力和创新意识。你们除了自己做，还带着学生一起做。你们经常给学生布置回家就地取材就能完成的实验及小制作，这些做法能极大提高学生的能力，也为我们的教学提供了宝贵的经验。"

问题四：请各位老师对课题组自制教具的教学实践进行评价。

老师们对课题组成员的实践都给出较高的评价，认为自制教具确实是培养学生核心素养的一条有效途径。设计制作的那些教具让人耳目一新，很有意思。课题组成员的课堂内容丰富有趣，很受学生喜欢。通过教师访谈的结果可以看出，物理教师们对课题组成员自制教具的教学实践给出了较高的评价。成员们的实践也为他们在物理教学中如何落实物理核心素养培养提供了宝贵的经验。

第二节　学生评价

实践班级的学生是课题组成员们实践的主体，他们的评价直接反映实践的质量。为了更深层次地了解学生的想法，学生的反馈评价也通过访谈的方式进行。

访谈目的：了解学生对课堂中使用自制教具的感受及对自制教具的评价。

访谈对象：学习成绩好、中、下三个层次学生各三名。

访谈内容：你喜欢老师用自制教具上课吗？你愿意课下花时间做与物理有关的小制作或实验吗？你认为自制教具的使用对你的物理学习产生了什么影响？

问题一：你喜欢老师用自制教具上课吗？

参与访谈的学生都说，喜欢老师用自制教具上课，老师做的教具都很有意思。学生们还说，以前物理老师给他们上课都是一个劲儿地讲，很枯燥，所以觉得物理很难学。但现在老师用自制教具上课，就觉得有意思多了，他们愿意上这样的物理课。

一位成绩较好的学生说："以前很少做实验，每次去实验室做实验都很兴奋，但实验室里的教具，做完实验就收起来了，不能将实验再做一遍。而自己动手做的教具，就让我们随便用，想做几遍都行。"

一位学习成绩较为落后的学生说："以前觉得物理可难了，都听不懂。自从物理老师用自制的小孔成像教具给我们讲小孔成像，我觉得物理变得有意思了。而且老师竟然选了我上去帮着做实验，我当时都没想到，更没想到通过那么小的孔，居然能形成蜡烛的像，孔大了还不行。还有孔的形状居然也不影响像的形状，好神奇。从那以后，我喜欢上了物理课，老师做的每个教具我都玩过了。现在我每天都盼望着上物理课，我的物理成绩也已经合格了。"

问题二：你愿意课下花时间做与物理有关的小制作或实验吗？你认为自制教具的使用对你的物理学习产生了什么影响？

同学们都表示愿意，还希望老师以后多带着他们做更多的小制作和实验。通过对学生的访谈，总结学生普遍认为自制教具给自己带来的影响，主要有以下几个方面：

（1）最直观的就是极大地增强了对物理的学习兴趣。

（2）在帮助自己理解教学重点与难点方面起到了重要作用。

（3）增强了自身的动手实践能力。

（4）提高了自己设计实验、进行实验的能力和实验观察、语言表达等能力。

（5）培养了自己的问题意识以及质疑创新的精神。

第三节　成绩分析

　　为帮助教师更直观地观察自制教具为物理课堂带来的实际效果，结合佛山市各区的教学实际，教师更多的还是在乎学生学习成绩的提升。通过对比南海区桂城街道平洲二中 309 班（不用自制教具）和 311 班（使用自制教具）两个班级的物理学习成绩变化，能直观地展示自制教具的重要作用，为一线教师强化自制教具的使用提供参考。

　　分别统计实验班和对照班 3 次月考和期末考的物理成绩，并进行数据分析。309 班和 311 班第一次月考情况如图 6 – 1 所示，309 班平均分为 65.29 分，311 班平均分为 63.62 分，309 班比 311 班高 1.67 分，各层次的学生占比 309 班比 311 班都要好。经历两个月的自制教具应用实践后，309 班和 311 班第二次月考物理成绩对比如图 6 – 2 所示，两个班级成绩差距出现微小变化，但差距仍然较大。结合八年级上册物理所学的内容皆为生活中常见的物理现象，学生容易接受理解，所以短时间内分值差距变化不大，自制教具也不能在短期内实现质的变化，需要经历一个慢慢转变的过程。再就是由于教学内容简单，自制教具更直观地帮助学生理解物理现象或规律的优势未能充分发挥。

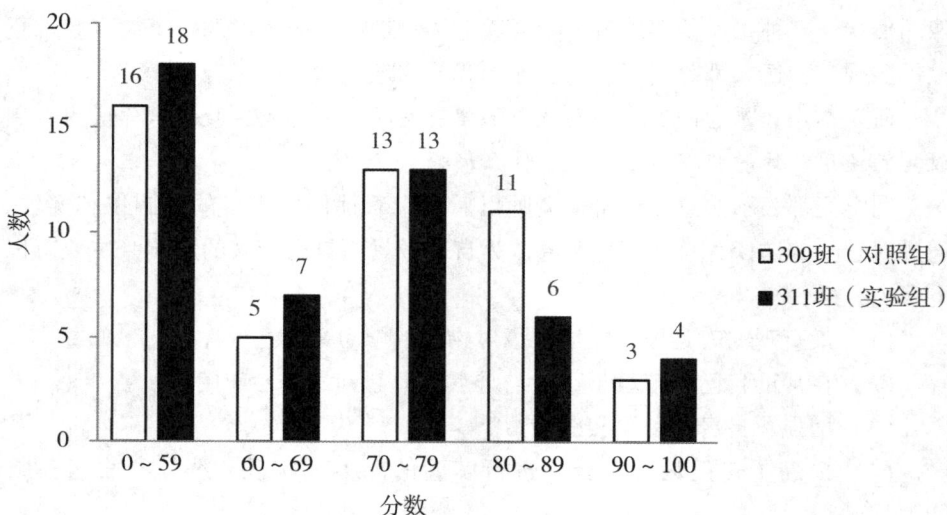

图 6 – 1　第一次月考物理成绩对比

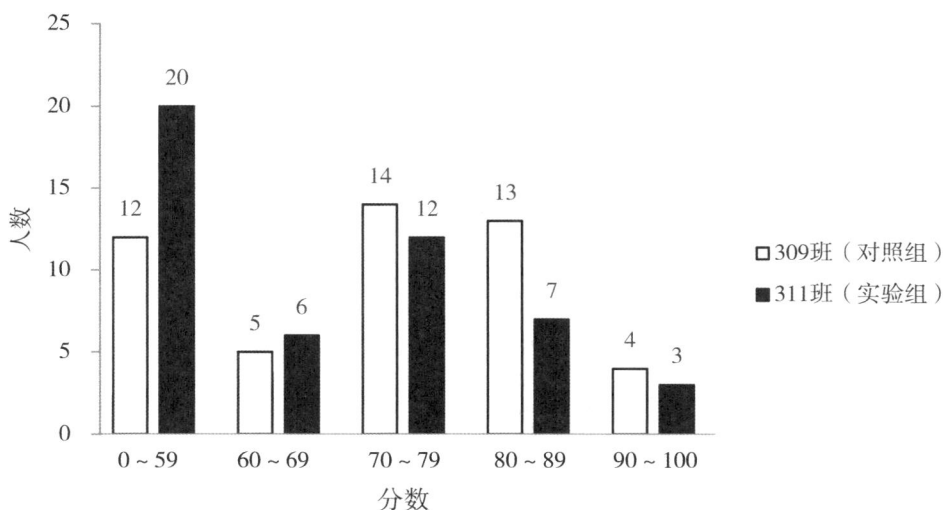

图 6 - 2　第二次月考物理成绩对比

再经过第三次的月考，如图 6 - 3 所示，使用自制教具的 311 班物理成绩明显上升，60 分以下学生人数显著减少，整体成绩与 309 班相差不大。

而在期末考当中，311 班学生物理成绩稳步提升，80 分以上人数反超 309 班，而不及格人数与 309 班相比差别不大，数据如图 6 - 4 所示：

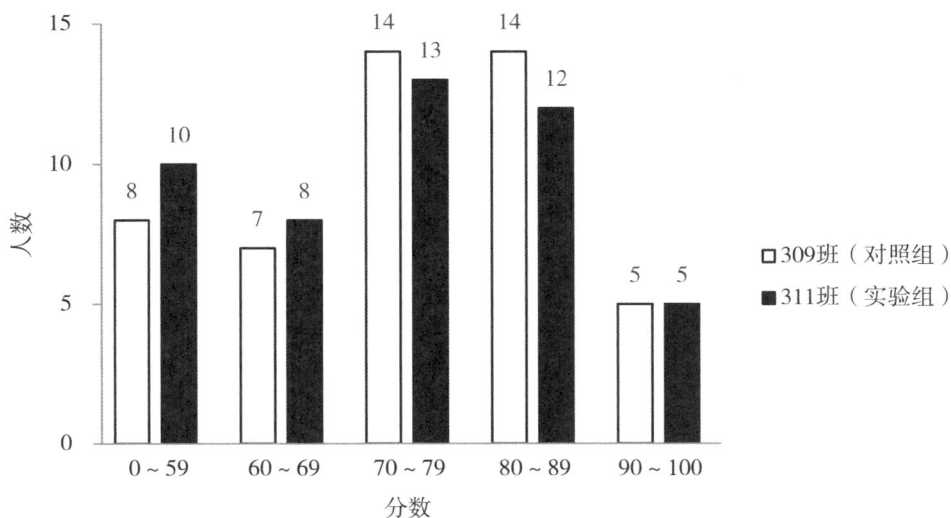

图 6 - 3　第三次月考物理成绩对比

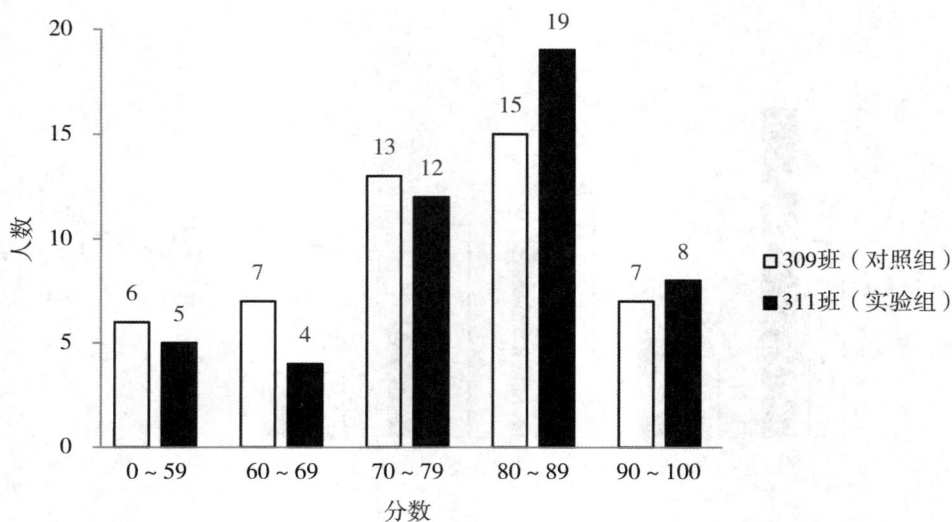

图 6 - 4　期末考物理成绩对比

　　根据以上数据分析，可以看到，自制教具应用于物理课堂，对学生的物理学习能起到极大的促进作用，可能短期内效果不够明显，但随着应用时间的增长，实验教学的效果越来越明显。原本 309 班的物理成绩无论是优秀率、平均分、合格率还是良好率都比 311 班好，一个学期下来，使用自制教具进行实验教学的 311 班已经明显超越不使用自制教具教学的 309 班。除成绩以外，311 班学生在设计实验、动手操作、观察实验现象、记录并分析实验数据、语言表达等方面的能力都得到了较大提升。在应用的过程中，教师能够充分感受到自制教具对班级良好学习氛围的养成也起到了一定的促进作用，这表现为学生的学习积极性提升，课堂氛围更为活跃。课题组成员在设计、制作以及应用教具的过程中，不断提升自身能力，并为自己每一次的成功应用感到自豪，自我效能感得到极大提升，也提升了自己面对生活的积极态度。由此可见，自制教具的应用无论对学生还是教师都起到了积极作用，值得一线教师深入研究并付诸实践。

第七章　总结与展望

当今社会日新月异，为了适应社会的发展变化，教育必须改革和创新。对学生核心素养的培养，会逐步在教学中得到落实。自制教具在培养学生核心素养方面有着独特的优势，这是由物理学科的特点所决定的。实验室配备的厂制教具不能满足当前的教学需求，自制教具是对实验室教具的有力补充，它的使用更灵活，可给学生提供更多动手做实验的机会和更多亲历实验演示的机会，有利于培养和发展学生的实验技能。此外，学生自己动手制作教具，可以在自制教具的过程中更好地理解知识，培养创新意识。所以，自制教具可以很好地培养学生的核心素养，是完成教学目标的一条有效途径。

第一节　研究结果

为了更好地了解自制教具在初中物理课堂的使用现状及存在的问题，我们分别对初中学生和一线物理教师进行问卷调查，并对结果进行分析，数据表明：①自制教具是大部分学生喜欢物理课堂的重要原因之一，它与生活实际联系性较强的特点，以及直观的实验现象，更容易激发学生的学习兴趣，使学生更易于理解所学知识。②部分教师在授课时，仍采用"灌输式"教学，既不符合中考、高考的改革方向，又不符合学生的需求。③从教师的角度看，教师已经认识到实验教学的重要性，并且肯定自制教具的重要意义，认为自制教具对学生创新能力、动手能力以及观察能力等都能起到一定的促进作用。④虽然认识到实验的重要性，但部分老师认为自制教具花费时间长、难度大，仍选择采用讲解或多媒体演示的形式代替自制教具教学，仅有小部分教师在授课过程中会采用自制教具。⑤部分教师采用自制教具教学是为了参加精品课比赛或创新教具制作比赛。因此，让教师意识到学生需求及自制教具带来的实际意义尤为重要。

在教具的制作上，主要有以下几种方式：一是针对实验室教具的不足进行改进；二是将一些课本实例做成教具，供学生进行观察体验；三是应用物理原理设计有趣的小实验、小制作。为了培养学生的动手能力和创新思维，笔者带领学生一起改进实验教具，让学生自己利用生活中的废旧器具做小实验、小制作。利用自制教具进行实验教学的课堂受到了学生的喜爱，也得到了同行们的认可，同时给他们提供了一定的经验参考。在实践的过程中，教具的使用也遇到了一些问题。最后针对这些问题，我们进行了反复的改进和创新，尽可能地改造到好用、实用。

我们呈现了自制教具在日常教学中的应用实例，充分展现了自制教具在培养学生学习兴趣、直观增强演示效果、培养学生质疑创新精神等方面起到的重要作用，同时举例说明教具自制方法，如改造原有教具、知识点类比制作教具、为辨析易错点制作教具等，为教师自制教具提供了思路，例如以"马德堡半球实验模型""静摩擦力模型"的制作过程来总结自制教具的基本步骤，为该步骤的实施提供了案例。对具体案例应用于课堂的各个环节以及完整的课堂设计与实录展示，也体现了自制教具在物理教学过程中的魅力。

最后，通过访谈了解三所学校实验班的学生对自制教具的态度以及学校实验班的教学成绩两个方面，对一学期来将自制教具应用于物理课堂的效果进行分析。在学生态度上，自制教具的应用使课堂氛围更为积极活跃，学生对物理学习保持较高的热情；在学习成绩上，随着教具的使用，学生设计实验的能力、观察信息和处理信息的能力、动手能力、语言表达能力等都在不断的锻炼中得到提升，逐渐地与对照班成绩拉开差距，突出展现了自制教具教学的魅力所在及其对教学的重要意义，也为学生奔向更高的平台打下了坚实的基础。

物理来源于生活，又服务于生活。通过自制教具的实践应用，分析教学效果可以看到，自制教具与生活紧密联系、现象直观明显、学生参与程度高等优点可以充分激发学生的学习兴趣，提高学生学习的积极性。同时，与生活紧密联系、实践性强的特点突出，也符合广东省中考的命题导向。自制教具的应用，有效提升了学生语言组织表达能力，锻炼了学生问题意识，培养了学生科学思维以及交流合作能力，有助于全面提升学生的核心素养，体现物理学科的育人价值，真正将物理融入生活，用物理服务于生活，提升学生面对生活的积极态度，具有较高的研究价值。

第二节　不足之处

（1）由于时间和空间的限制，仅对佛山市南海区南海实验中学、文翰中学、平洲二中三所学校的学生以及南海区、三水区内教师进行了问卷调查研究，调查范围不够广，调查结论的普适性有待推敲。

（2）教具的制作依旧是以教师为主，学生真正参与研究和制作的时间只是每周六，遇到考试复习又要停下来，机会不太多，对教具的课堂效果没有深度挖掘出来。

（3）教学效果主要还是通过对学生考试成绩和学生的学习态度两方面进行分析，没有从更多的维度对学生进行全面的评价。

由于时间和精力有限，目前对教具的制作及效果分析还存在以上不足，针对以上问题，在今后的教学和实践中我们会继续深入研究和补充。

第三节　展望

本书结合实践应用分析了自制教具对物理演示实验教学的作用，介绍了自制教具的常用方法及制作的一般步骤，展示了将自制教具应用于课堂各个环节以及完整的课堂设计，最后通过应用效果分析向教师展示自制教具的优势，希望能够为教师自制教具及应用提供一定的思路，也期望越来越多的教师能够重视并真正将自制教具实践于课堂，并能利用好网络实现教具的信息共享。随着课程的改革，在课程实施过程中越来越要求教师运用灵活多样的教学方式，将自制教具与其他优秀教学方式进行融合，让物理演示实验课堂的效果更加突出。所以，我们在接下来的教学实践中，也会进一步研究以实验课堂为基础、多种教学方式融合的新型课堂授课模式，让物理实验课堂的教学效果得到进一步的提升。

在社会快速发展的今天，知识的更新速度特别快。学生在学校里学习的不再是死知识，而是能适应社会发展需要的能力和终身学习的能力。自制教具作为培养学生能力的载体，必然会在教学中发挥不可替代的作用。

附录1 关于初中物理演示实验教具使用现状的
调查问卷（学生问卷）

亲爱的同学：

感谢你参加这次调查活动。下面是关于初中物理演示实验教具（包括教师自制教具）使用现状的一些问题，请根据自己的实际情况如实作答。回答无对错之分，不同于考试，无须填写姓名，仅为研究所用，你可以轻松地回答下列问题。请认真填写调查问卷，谢谢！

所在学校：_____ 班级：_____

1. 你对物理学科感兴趣吗？

A. 非常感兴趣

B. 一般

C. 不感兴趣

2. 物理课堂中最吸引你的部分是什么？

A. 理论知识讲解

B. 实验演示

C. 例题讲解

3. 教师在物理课堂上会经常使用实验教学吗？

A. 经常

B. 偶尔

C. 一般不做实验

4. 演示实验，教师一般采用什么方式？

A. 有实验器材则简单演示

B. 自制实验教具或让学生自主动手操作

C. 讲解或利用多媒体演示

5. 有演示实验的物理课堂和只有理论讲解的物理课堂相比，你觉得哪一种课堂对你来说学习效果更好？

A．有实验演示的物理课堂学习效果更好

B．只有理论讲解的物理课堂学习效果更好

C．两种物理课堂学习效果差不多

6．你觉得去实验室自己动手操作，对你的物理学习有帮助吗？

A．帮助非常大

B．有点帮助

C．没什么帮助，做和不做都一样

7．除了教科书中的演示实验和学生实验，教师还会演示其他简易的自制教具实验或鼓励学生自己动手设计实验吗？

A．经常会

B．偶尔会

C．不会自制教具

8．实验对你最深的影响是什么？

A．能激发我对物理学习的兴趣

B．能帮助我建立物理概念和理解物理习题

C．没什么影响

9．利用生活中的物品设计的简易自制教具实验和传统实验相比，你更喜欢哪一种？

A．自制教具实验

B．传统实验

C．都不喜欢

10．（可多选）教师在课堂上的自制教具演示实验对你的物理学习有什么意义？

A．有助于对难点的理解

B．有助于激发学习兴趣

C．有助于培养探究和动手能力

D．虽有帮助，但很浪费时间

附录 2　关于初中物理演示实验的调查问卷
（教师问卷）

尊敬的老师：

您好！

为深入了解初中物理演示实验教学现状及教师对实验教具使用的真实看法，我们特制定本问卷。您的宝贵意见将为优化实验教学模式提供重要参考，衷心感谢您的支持与配合！

1. 您在教学中做演示实验吗？

A. 有仪器就做，没仪器就自己制作教具

B. 有仪器就做，没仪器就不做

C. 用多媒体模拟实验

D. 从来不做

2. 做演示实验时，如果实验室没有器材，您会怎么做？

A. 发动学生一起制作教具

B. 自己制作教具

C. 用多媒体模拟实验代替

D. 放弃，不做

3. 您会自己制作实验教具吗？

A. 经常

B. 偶尔

C. 不会做

D. 从来不做

4. 您对自制教具有何看法？

A. 有多媒体，没必要自制教具

B. 自制教具比较粗糙，拿不上台面

C. 用实验室仪器就行，没必要自制教具

D.　自制教具可以解决实验室器材短缺的问题，还能培养学生各方面能力

5.　您不想自己制作实验教具的最主要原因是什么？

A.　实验不太重要

B.　有多媒体可以取代

C.　太浪费时间

D.　效果不好

6.　您觉得自己能制作实验教具吗？

A.　能做很多

B.　能做一些

C.　从来没做过，不确定

D.　不能

7.　您愿意把自己制作的教具与本校的物理老师一起分享吗？

A.　愿意

B.　不愿意

8.　您认为自制教具教学对学生物理学习有帮助吗？

A.　有很大帮助

B.　有一点帮助

C.　没有帮助

参考文献

［1］国家中长期教育改革和发展规划纲要领导小组办公室. 国家中长期教育改革和发展规划纲要（2010—2020 年）［Z］. 北京：人民教育出版社，2010.

［2］朱蒙蒙. 初中物理低成本实验资源的开发与利用案例研究［D］. 合肥：安徽师范大学，2015.

［3］蒋守霞. 初中物理实验"可视化"改进［J］. 实验教学与仪器，2021，38（5）：28－29.

［4］唐建国. 浅谈物理教学中如何激发学生积极性［J］. 数理化学习，2016（4）：7－8.

［5］李红霞. 初中物理实验教学存在的问题及对策研究［D］. 武汉：华中师范大学，2014.

［6］廖杰庭. 浮力产生原因演示实验的改进［J］. 中学物理教学参考，2019，48（13）：42－43.

［7］张辰. 初中物理光学自制教具及其应用研究［D］. 烟台：鲁东大学，2019.

［8］汪瑞林，杜悦. 中国学生发展核心素养研究课题组负责人答记者问［N］. 中国教育报，2016－09－14.

［9］刘元鑫. 自制教具在初中物理教学中的应用研究［D］. 贵阳：贵州师范大学，2023.

［10］谭福奎. 中学物理教具设计与制作技术［M］. 北京：光明日报出版社，2013.

［11］丁娅. 中学物理实验教具的改进与创新研究［D］. 信阳：信阳师范学院，2017.

［12］吴迪. 学生自制教具对于学习效果影响的实践研究［D］. 天津：天津师范大学，2013.

［13］牟洁. 自制教具设计与制作［M］. 成都：四川科学技术出版

社，2012.

[14] 高佳，贾会彦. 教师如何成为教具高手 [M]. 南京：江苏美术出版社，2011.

[15] 黄晓虹. 物理演示实验 [M]. 杭州：浙江大学出版社，2012.

[16] 熊贵娇. 利用自制教具为"探究求合力的方法"保驾护航 [J]. 中学物理，2011，29（10）：29－30.

[17] 刘炳升，冯容士. 中学物理实验教学与自制教具 [M]. 上海：上海教育出版社，2000.

[18] 范亚颖. 中学物理实验自制教具开发过程的案例研究 [D]. 北京：首都师范大学，2013.

[19] 冯克诚，毕诚. 物理实验器材巧用 [M]. 乌鲁木齐：新疆青少年出版社，2008.

[20] 张公明. 利用自制教具培养学生创新能力 [C]//第五届中国教育技术装备论坛获奖论文集（中），2014.

[21] 张小兰. 利用自制教具提高初中物理教学效果 [J]. 教育教学论坛，2013（26）：184－185.

[22] 刘济昌. 教具理论研究导论 [M]. 北京：教育科学出版社，2011.

[23] 刘炎松. 物理实验创新研究"非常规"物理实验设计制作能力培养 [M]. 北京：冶金工业出版社，2009.

[24] 物理教师教学用书编写组. 义务教育教科书（五四学制）：物理：八年级上册 [M]. 济南：山东科学技术出版社，2012.

[25] 胡名章. 中学物理演示实验与自制教具 [M]. 合肥：安徽教育出版社，1983.

[26] 方鸿辉. 创造性物理实验 [M]. 上海：科学普及出版社，1999.

[27] 朱正元. 加强物理实验　提倡自制教具 [J]. 人民教育，1978（1）：40－43.

[28] 张伟，罗星凯. 物理自制教具及其实验的独特教育功能探究 [J]. 物理教师，1995（6）：1－3.

[29] 朱闻华. 浅谈物理教具的设计与自制 [J]. 中学物理，2002，20（9）：19－20.

[30] 刘万更. 物理自制教具两例 [J]. 实验教学与仪器，2008，25（12）：46.

[31] 徐斐. 新课标下以自制教具促进物理探究实验 [D]. 成都：四川师

范大学，2010.

[32] 钱晓. 自制教具在物理教学过程中的应用 [J]. 物理教师，2014，35（6）：46-48.

[33] 陈春琴. 浅析学生自制教具在物理教学中的作用 [J]. 高中数理化，2015（2）：40.

[34] 陈玟. 自制浮力教具与提升科学素养 [J]. 中学物理，2018（10）：8-10.

[35] 潘益虎. 自制教具在初中物理教学中的运用 [J]. 数理化学习（教研版），2018（5）：37-38.

[36] 罗玉林. 自制多功能器皿清洗机 [J]. 湖南中学物理，2019，34（8）：25，60.

[37] 丁云峰. 利用自制实验教具　突破光学知识难点 [J]. 中国教育技术装备，2019（11）：123-125.

[38] 杨晓燕. 中学物理自制教具设计制作的案例研究 [D]. 昆明：云南师范大学，2019.